潜水安全与法规

肖安金　赵丙坤　主　编

中国海洋大学出版社

·青岛·

图书在版编目(CIP)数据

潜水安全与法规 / 肖安金,赵丙坤主编. -- 青岛：中国海洋大学出版社，2022.10

ISBN 978-7-5670-3318-4

Ⅰ. ①潜… Ⅱ. ①肖… ②赵… Ⅲ. ①潜水运动－基本知识 Ⅳ. ①G861.5

中国版本图书馆 CIP 数据核字（2022）第 207026 号

潜水安全与法规

QIANSHUI ANQUAN YU FAGUI

出版发行	中国海洋大学出版社
社　　址	青岛市香港东路 23 号　　邮政编码　266071
出版人	刘文菁
网　　址	http://pub.ouc.edu.cn
电子邮箱	zwz_qingdao@sina.com
订购电话	0532-82032573（传真）
责任编辑	邹伟真　　　　　　　电　话　0532-85902533
印　　制	青岛中苑金融安全印刷有限公司
版　　次	2022 年 10 月第 1 版
印　　次	2022 年 10 月第 1 次印刷
成品尺寸	170 mm×240 mm
印　　张	11.5
字　　数	220 千
印　　数	1～700
定　　价	86.00 元

发现印装质量问题，请致电 0532-58700168，由印刷厂负责调换。

编委会

主　　编：肖安金　赵丙坤

副 主 编：周　侠　韩瑞芬

参　　编：马海青　于澎涛　纪鹏鹏　吕晓云

　　　　　韩珵珵　牛小龙　荆忠明　陆盈盈

　　　　　陈　晨　付志伟　李宜刚　臧恒源

　　　　　高瑞杰　任　伟　朱瑞景　苟美汉

主　　审：王伟波

前言

　　潜水及水下作业安全是当今潜水界高度重视的问题,严格遵循潜水及水下作业规则及标准,可以减少潜水员患病和伤亡,保障潜水员的健康与人身安全。

　　潜水作业作为一种特殊的工作方式,在国民经济发展和国防建设以及海洋开发、水下施工、人命救助、抢险救灾等领域发挥着越来越重要的作用。我国是潜水及水下作业的大国之一,为加强潜水管理,保障潜水人员健康和人身安全,迫切需要规范潜水及水下作业的技术规则和操作程序。

　　本书以《国内外潜水及水下作业规则与标准汇编》为依据,根据青岛海洋技师学院工程潜水专业层次的实际需要编写,力求简捷、实用,主要内容包括潜水员职业道德和潜水法规两大部分。

　　本书的主要适用对象为工程潜水专业学生,亦可供有关专业人员学习参考。

　　本书在编写过程中参阅了大量相关文献资料。在此,谨向这些资料的作者表示最诚挚的感谢。

　　由于作者水平有限,书中难免存在不足,敬请读者批评、指正。

编　者
2020 年 10 月

目 录
CONTENTS

第一部分　职业道德

第一章　职业道德基本知识 ·· 3
　　第一节　职业的基本知识 ·· 3
　　第二节　职业素质的基本知识 ·· 7
　　第三节　职业道德基本要求 ·· 8
第二章　潜水员职业道德规范 ·· 11

第二部分　规章制度

第三章　中国潜水打捞行业协会潜水自律管理办法 ························ 19
第四章　中华人民共和国潜水员管理办法实施细则 ························ 33
第五章　加压表使用要求及方法 ·· 37

附　录

附录一　中华人民共和国潜水条例 ·· 127
附录二　中华人民共和国海上交通安全法 ·· 137
附录三　甲板减压舱（GB/T 16560—2011） ···································· 158

第一部分
职业道德

第一章

职业道德基本知识

第一节 职业的基本知识

党的二十大报告指出,"发展海洋经济,保护海洋生态环境,加快建设海洋强国。"这是在党的十八大作出建设海洋强国、党的十九大作出加快建设海洋强国战略部署后,将"发展海洋"作为加快构建新发展格局、着力推动高质量发展的重要战略任务之一再次予以强调,进一步明确了新时代新征程海洋工作者的奋斗目标和前进方向。

一、职业与职业演变

1. 职业的概述

职业是指人们从事的有合法收入的工作职业具有专业性、多样性、技术性和时代性的特点。专业性是指不同的职业在劳动内容、劳动方式、劳动手段等方面所具有的特点。多样性是指职业存在于社会的政治、经济、文化、教育、军事、外交等领域,在每个领域中又有不同的种类。技术性是指不同的职业都有自己的知识经验、技能技巧。在现代社会里,要从事某些职业,必须经过较长时间的培训,才能具备所从事职业必备的知识与技能。时代性是指职业随着时代的变化而变化。

2. 职业的演变

职业是人类社会发展到一定阶段的产物。自职业产生之时,社会进步和科技发展就始终推动着职业的演变。20世纪中叶以来,由于科技的突飞猛进,职业发生了一系列的变化。一是职业种类不断增加。据《中华人民共和国职业分类大典》(2022年版)我国职业分为8个大类,60多个中类,400多个小类和近2 000个细类。许多新兴职业不断涌现,传统职业的分工也由简单到精细。二是职业种类在不断更新。在过去的十几年中,已淘汰了约8 000种低技能的职位,同时又诞生了约 6 000 种新职位。三是职业内容在改变。四是职业结构在调整。

我国产业结构的变化和科技的发展,使得社会分工和职业分化的势头进一步加快,职业的专业化、智能化、综合化是未来的发展趋势。职业的专业化是指职业分工越来越细、越来越专,社会对职业的专业技术水平要求越来越高。职业的智能化是指在职业劳动中,体力劳动的比重减少,脑力劳动的比重增加,体力劳动脑力化。职业的综合化是指职业之间相互重叠、交叉,职业对从业人员的知识经验与技能的要求越来越全面。

3. 潜水员职业的产生与发展

潜水员是主要从事操作特殊潜水装具设备,进行救助、打捞和海洋工程、港口工程等水下作业的人员。我国潜水员职业的产生始于新中国成立初期,其发展与国家的命运紧密相连。国外从 19 世纪中叶开始使用现代装具进行潜水以及用现代方法预防、治疗潜水疾病。但是我国近代经济发展较为落后,潜水行业难以发展,至 20 世纪 40 年代末期,我国潜水行业仍然处于原始状态。

新中国成立后,1950 年 9 月招商局在职工中选拔了 9 名学员进行潜水技术训练,诞生了新中国首批潜水员。1963 年发生的"跃进"号事件,暴露出我国潜水技术落后等问题,在完成水下调查任务后,经周恩来总理亲自批准,于 1963 年至 1965 年连续三年在全国招收 300 名潜水员,我国潜水员队伍的建设开始起步。1977 年,打捞"阿波丸"工程,交通运输部针对大规模深水潜水作业存在的问题,组织几十个科研单位进行技术攻关,促进了潜水技术进步,也锻炼了一大批救捞潜水员。总体上看,20 世纪 80 年代前救捞系统的潜水员都是以师带徒的方式或经短期培训出来的,文化素质普遍较低,潜水理论知识不多,潜水操作不够规范。空气潜水深度基本能达到规定的安全深度 60 米,但大多数救捞单位仍使用旧型的潜水装具。

改革开放后,潜水员队伍得到了空前发展与壮大,在支持海洋经济建设、发展航运事业和保障水上生命财产安全等公共服务中,潜水员行业已成为不可替代的新兴服务型职业。就潜水技术而言,已由单一的空气潜水,快速发展成为混合气潜水、饱和潜水、载人和遥控潜水器等综合潜水技术,并得到广泛应用。从"跃进"号调查、"阿波丸"号打捞工程、黄浦江毒化品搜寻打捞,到"大舜"号海难、"五七空难"、"六二五空难",再到"南海一号"整体打捞等数百起事件中出色地完成了任务,彰显了潜水行业和潜水员的重要性与其独具的风采。

相信未来,随着市场需求的不断扩大,潜水行业还将有更快速的发展,其服务范围遍及江河湖海,服务业务前景十分广阔,这个行业必定大有作为。

二、职业资格和职业资格证书制度

职业资格是对从事某一种职业所必备的学识、技术和能力的基本要求。职业资格包括从业资格和执业资格。从业资格是指从事某一专业(工种)学识、技术、能力的起点标准。执业资格是指政府对某些责任较大、社会通用性强的、关系公共利益的专业(工种)实行准入控制,是依法独立开业或从事某一特定专业(工种)学识、技术和能力的必备标准。

我国实行职业资格证书制度。职业资格证书是劳动者具有从事某种职业必备的学识、技术和能力的证明,集中地反映特定职业的实际工作标准和规范,以及劳动者从事各种职业所达到的实际能力水平。2002年国务院《关于大力推进职业教育改革与发展的决定》指出:"大力推行劳动预备制度,严格执行就业准入制度。用人单位招收、录用职工,属于国家规定实行就业准入控制的职业(工种),必须从取得相应学历证书或职业培训合格证书并获得相应职业资格证书的人员中录用;属于一般职业(工种),必须从取得相应的职业学校学历证书、职业培训合格证书的人员中优先录用。"职业资格证书是求职就业的必备条件,是胜任岗位职责的标志,获得职业资格证书是增强职业竞争能力的手段。职业资格证书制度,是我国对劳动者上岗进行严格的资格认定,实行持证上岗的管理制度。

三、潜水员资格证书制度

凡年满18周岁,具有高中毕业或同等学力文化程度,自愿从事潜水工作,符合交通运输部批准的潜水员体格标准并按规定完成潜水培训学习,取得结业证书的公民,均可申请参加潜水员考核。已有4年以上非产业潜水经历的潜水员,可申请潜水员考核。潜水员证书分为空气潜水员证书、混合气潜水员证书、饱和潜水员证书,属于从业资格证书。潜水员证书适用的范围:持有空气潜水员证书的潜水员,可使用空气从事水深60米以浅的潜水;持有混合气潜水员证书的潜水员,可使用人工配制的混合气从事水深120米以浅的潜水;持有饱和潜水员证书的潜水员,可使用饱和潜水系统从事水深300米以浅的饱和潜水。潜水员证书每年年审一次,年审合格者证书继续有效;年审不合格者,证书失效。潜水员年审包括体格审查、技术审查。未经年审的潜水员证书,自动失效。初次取得空气潜水员证书的潜水员实行见习期,见习期为一年。

四、了解与潜水相关的职业群

按照不同的标准,潜水员可以分为不同的类别。

1. 按照工作水域划分

按照工作的水域划分,潜水员包含工种有海洋潜水员、内河潜水员、水上工程潜水工等。

其主要工作内容：一是佩戴潜水装具等生命支持设备潜入水中,使用手动、气动和液压等作业工具进行救助、打捞和海洋及港口工程等水下高压作业;二是使用水面需供式潜水装具(SDDA)和通风式重潜水装具进行探摸检查、除泥、寻物、吊物、测量和电视录像等作业;三是对水下工程的特殊位置进行电焊、拆除以及打捞沉船时进行水下布药、安全爆破、排除哑炮及吊除重物等作业;四是在较复杂的环境下进行水下浮筒套桩、穿引钢缆、系龙须缆和封舱堵漏;五是解决救捞和海洋工程中复杂的水下作业技术难题;六是识读水下有关施工图,绘制水下被检部位草图。

2. 按照潜水手段和潜水设备划分

按照潜水手段和潜水设备的划分,潜水员职业分为空气潜水员、混合气潜水员、饱和潜水员工种。

这种分类主要依据《中华人民共和国潜水员管理办法》对潜水员培训的分类和我国潜水行业的实际情况,同时参照了国际上主要潜水组织对潜水员的分类。空气潜水员使用潜水装具,呼吸压缩空气,在水深60米以浅进行水下高气压作业;混合气潜水员使用潜水装具,呼吸人工配制的混合气,在水深120米以浅进行水下高气压作业;饱和潜水员使用饱和潜水系统,在水深300米以浅进行水下高气压作业。

混合气潜水与空气潜水的区别主要是呼吸气体不同。由于呼吸介质从压缩空气变成了氦氧混合气,对潜水员的热平衡和通话都产生了影响。混合气潜水对潜水钟的使用要求也比空气潜水更高一些。饱和潜水是在常规潜水基础上发展的一种潜水作业新技术。由于有居住舱居住和潜水钟巡潜的问题,饱和潜水训练对潜水员的要求较高,其作业程序与空气潜水的区别更大。常规潜水作业在水下作业时间有限,且减压时间长,潜水作业效率很低。氦氧常规潜水通常只是用来完成水深60～150米(大多在120米以浅范围内)的各项水下作业任务。对于潜水深度更深、水下工作时间超过1小时的潜水作业任务,不但潜水作业效率很低,而且难以保证潜水员的安全。而采用饱和潜水技术,潜水员可以数小时甚至更长时间在海底施工作业,大大拓展了潜水作业的深度,延长了作业时间。参加饱和潜水作业的饱和潜水员需先参加空气潜水员培训,获得空气潜水员证书后再参加混合气潜水员培训,获得混合气潜水员证书后才能参加饱和潜水员培训。

3. 按照服务行业划分

按照服务的行业不同,潜水员职业分为面向海洋工程的潜水员、救捞行业潜水员、水利部门的潜水员等。

例如,面向海洋工程的潜水员平时主要从事水下焊接、水下无损检测及海上设施水下维修、拆解工作;内河、航道潜水员主要从事闸坝维护、航道疏浚、港口建设等水下作业;救捞行业潜水员主要从事海上救助、应急抢险、沉船打捞等水下作业;水利部门的潜水员主要从事水利设施维修、闸坝检查及防汛等工作。由于我国潜水技术的发展较晚,就全国范围而言,管理还不规范,没有形成统一管理,因此造成不同地区、不同行业之间技术水平、管理要求差异较大,潜水手段和潜水设备更新程度不同,水下作业内容侧重点有较大不同。

我国是海洋大国,海域辽阔,岸线漫长,适逢海洋经济快速发展,海洋资源开发活动日益活跃和航运船队迅猛扩大的态势,海上保障和服务的需求与日俱增,市场前景非常广阔。潜水作为海洋开发、海上生产活动和航运安全的支持保障行业,其地位和作用也必然得到提升,尤其是为海上石油天然气开发工程提供勘测、安装、维修、检测、石油平台拆解等服务的需求量巨大。我国内陆幅员广大,江河、湖泊、水库众多。随着经济的发展,我国水上运输、海洋开发、港航建设、水利兴修、桥梁架设等行业蓬勃发展,水下工程业务越来越多,潜水技术在各个领域的应用越来越广泛。而与此同时,海上及内陆水域的其他水下服务及应急抢险工作也越来越繁忙。因此,目前潜水事业正经历着很好的发展时期,并将迎来新的发展机遇。

第二节 职业素质的基本知识

2022年10月17日上午,习近平同志来到党的二十大广西代表团,同代表们一起讨论二十大报告。他关心地问广西汽车集团首席技能专家郑志明:"你的职称走的是哪个序列?""现在收入怎么样?"郑志明回答:"走了两个序列,既是特级技师,也是高级工程师。要不是国家政策好,像我这种职高毕业的钳工评上高级职称,想都不敢想。"

技术工人队伍是支撑中国制造、中国创造的重要力量。潘从明、刘丽等大国工匠代表在党的二十大上,讲述了自己渴望带领更多技术工人在新时代奋斗的迫切愿望:一个人有技术,自己有前途;一群人有技术,企业有前途;一代人有技术,国家有前途。

一、职业素质的概述

素质是人在先天禀赋的基础上,通过环境和教育的影响而形成和发展起来的相对稳定的内在基本品质。职业素质是指从业者在一定生理和心理条件的基础上,通过教育、劳动实践和自我修养等途径而形成和发展起来的在职业活动中发挥重要作用的内在基本品质。职业素质具有职业性、稳定性、内在性、整体性和发展性等特征。

二、职业素质的构成

职业素质由思想政治素质、职业道德素质、科学文化素质、专业技能素质和身体心理素质五个方面的内容构成。在这几个方面中,思想政治素质是灵魂,它是人们从事职业、成就事业的精神支柱。职业道德素质是核心,对职业素质的提高发挥着导向和保证的作用。科学文化素质是基础,没有一定的科学文化素质,不可能胜任相关的职业。专业技能素质是关键,只有具备一技之长,才能在职业生活中立于"不败之地"。身体心理素质是前提条件,没有健康的身体心理素质,其他各种素质很难发挥出应有的水平。这几个方面相辅相成,辩证统一。随着社会的发展和进步,社会对从业者的职业素质提出了更高的要求:要坚定社会主义理想和信念,树立科学的世界观、人生观和价值观,增强法律意识,做到一专多能,具有创新精神和强烈的健康意识。

三、潜水员的素质要求

潜水员是从事水下作业、有一定危险性的特殊工种。潜水员潜水时,需穿着和使用潜水装具和防护服装,需要呼吸与静水压力相等的高压气体,还要在复杂的水下环境中完成各种作业任务,这就要求潜水员不仅要具备强健的体格,身体素质必须符合《职业潜水员体格检查要求》(GB 20827—2007);同时还要有专业的潜水知识和操作技能,并且具备良好的心理素质。

潜水员在我国经济建设、抢险救灾中发挥着特殊、不可替代的作用,社会经济的发展不仅增加了潜水员的需求量,而且对潜水员的素质提出了更高的要求。

第三节 职业道德基本要求

习近平总书记在参加十三届全国人大二次会议内蒙古代表团审议时发表了重要讲话:"不论我们国家发展到什么水平,不论人民生活改善到什么地步,艰苦奋斗、勤俭节约的思想永远不能丢。艰苦奋斗、勤俭节约,不仅是我们一路走来、发展壮大的重要保证,也是我们继往开来、再创辉煌的重要保证。"

一、职业道德概述

为了保证职业活动的正常进行,各行各业逐渐产生了一些约定俗成的特殊要求,进而形成了从业者的行为规范,这就是职业道德。职业道德是人们在职业活动中所遵守的行为规范的总和。职业道德规定了从业人员在职业活动中的行为要求,体现了本行业对社会所承担的道德责任和道德义务。每一个从业人员都应该自觉遵守和忠实地履行自己的责任和义务。只有这样,职业活动才能有正常的秩序,才能健康发展。

职业道德具有三方面的特征。一是行业性。职业道德是和职业分工、职业活动联系在一起的,一定的职业道德只适用于一定的职业活动范围。各种职业道德只在特定的职业范围里起作用,规范和约束从事本职业人员的职业行为。二是稳定性。在职业活动中,由于人们长期从事某种职业,因而逐渐形成稳定的职业心理和职业习惯,并被继承和延续形成稳定的职业传统,铸成该职业人员稳定的品德。三是针对性。职业道德是从人们的职业活动实践中产生的,并用于指导人们在工作、劳动中的行为,因此它的原则和规范具有较强的针对性。

二、职业道德基本规范

职业道德规范是指从事某种职业的人们在职业活动中所要遵守的标准和准则。我国各行各业共同遵守的职业道德的基本规范是爱岗敬业、诚实守信、办事公道、服务群众、奉献社会。

爱岗敬业是社会主义职业道德所倡导的首要规范,也是职业道德的基本精神。它是对人们工作态度的一种普遍要求,即在任何部门、任何岗位工作的公民都要爱岗、敬业。爱岗,就是热爱自己的本职工作。敬业,就是以一种严肃恭敬的态度对待自己的职业劳动。没有对自己工作岗位的热爱,就不可能忠于职守,忘我工作。但只有对工作的热爱之情,而不勤奋努力工作,掌握必要的岗位技能,爱岗就成为一句空话。同时只有敬业,才能真正发现并分享工作所带来的无限乐趣和满足感、荣誉感,激发更高的工作热情。

诚实守信是职业道德的根本,也是为人处世的一种美德。诚实守信就是忠诚老实,信守诺言。我国作为文明古国的礼仪之邦,历来重视诚实守信的道德修养。所谓诚实,就是忠诚老实,在社会交往中忠实于事物的本来面目,不讲假话,不歪曲、篡改事实,不隐瞒自己的真实思想,光明磊落,处世实在。所谓守信,就是信守诺言,讲信誉,重信用,忠诚地履行自己应承担的义务。诚实和守信的意思是相通的。《说文解字》说:"信,诚也;诚者,信也。"诚实守信不仅是道德的基础,也是职业道德的基本要求。

办事公道是职业道德的基本准则,也是维护广大人民利益的需要。办事公道是指从业人员在处理问题时,要站在公正的立场上,按照同一标准和同一原则的职业道德规范。它要求以科学的真理为标准,有正确的是非观,以国家法律、法规以及公共道德准则为依据,秉公办事。坚持原则是办事公道的指导思想。原则是保证本职工作正常进行的准则,是保证国家、集体、群众的利益不受侵害的规定,是衡量职业行为的善恶的尺度。它代表着本职工作的整体利益,是社会利益的职业化。坚持原则,就是遵循国家法律,严守职业纪律。

服务群众是职业行为的本质,是为人民服务的道德要求在职业的具体体现。服务群众就是一切为了群众,一切依靠群众。这也是我们党的群众路线的重要内容,是党的群众路线在社会主义职业道德中的集中表现。服务群众的具体要求是,每个职业劳动者应当时刻想群众之所想,急群众之所急,忧群众之所忧,乐群众之所乐,全心全意为人民服务。这是社会主义职业道德与以往私有制社会职业道德的根本分水岭。在社会主义社会,每个从业者都是群众中的一员,既是为别人服务的主体,又是被别人服务的对象。每个人都享有他人职业服务的权利,同时有承担着为他人提供职业服务的义务。因此,服务群众作为职业道德,不仅是对领导及公务员的要求,而且是对所有从业者的要求。

奉献社会是职业道德的最高要求,其实质在于奉献。所有从业者,无论从事什么行业,什么岗位,什么工种,只要爱岗敬业,努力工作,就是在为社会做贡献;只要在工作中不求名利,讲贡献不索取,就是一种无私的奉献精神。奉献是一种人生境界,是一种融于职业生涯的高尚人格。与爱岗敬业、诚实守信、办事公道、服务群众这四项规范比较,奉献社会是职业道德中的最高境界。奉献社会职业道德的突出特征:一是自觉自愿地为社会为他人贡献自己的力量,是为了增进公共福利而积极劳动;二是有热心为社会服务的责任感,充分发挥主动性、创造性,竭尽全力;三是不计报酬。奉献社会是为人民服务的集中表现,在社会主义精神文明建设中要大力提倡和发扬这种精神。

第二章 潜水员职业道德规范

2015年6月初,正在海军工程大学潜水分队服役的官东,在"东方之星"号轮船翻沉事故发生后,立即赶到现场参加救援行动。他多次下潜到事发现场的湍急江水中,凭借高超的潜水技术,救出两名幸存者。在危急时刻,他还将自己的潜水器具让给幸存者使用,致使自己险被急流冲走……事后,官东被授予一等功。2015年10月,在第五届全国道德模范评选表彰活动中,官东荣获"全国敬业奉献模范"称号。2016年,官东被评为"2015年感动中国十大人物"。官东成了大家学习的好榜样。

一、潜水员职业特点

国际上之所以普遍将潜水视为风险和特殊行业之一,是因为潜水活动直接关系到从业人员的健康和人身安全。由于潜水员是在水下低温、高气压、能见度差的职业环境作业,因此对潜水员的身体条件要求很高,水下环境复杂,对潜水员的健康和人身安全具有危害性。潜水行业与其他大行业相比而言,社会的认知度较低。

二、潜水员的行业职业道德要求

(一)行业职业道德规范概述

爱岗敬业、诚实守信、办事公道、服务群众和奉献社会是各行各业的共同职业道德规范。此外,不同行业对职业道德规范也有具体的要求。行业职业道德规范是与该行业的个性特征相适应的具体的道德行为规范,是共同职业道德的行业化和具体化。

(二)潜水员的行业职业道德规范内容和要求

1. 遵守法律、法规和有关规定

我国的法律法规是体现工人阶级劳动人民意志和利益的,通过国家强制力来保证实施的行为规范;而各项纪律则是在国家各种法律规定范围内由社会政

治团体或组织、机关企事业单位自行制定的,体现一定范围内政治、经济、文化、工作、生活秩序要求和群众利益的各种规章制度。从业人员只有在法律和纪律要求的范围内行使职权,履行职务,才能保证社会秩序的有条不紊,保证国家、集体、个人三者利益的协调一致,保证物质文明和精神文明建设的顺利进行。坚持原则、遵纪守法是一切从业人员必须具备的基本道德品质,是职业道德的基本要求。

由于潜水员职业具有特殊性和危险性等特点,因此在作业时必须严格遵守法律、潜水法规和相关规章制度,以确保安全作业。例如,持有有效潜水员证书的潜水员方可进行潜水作业,无有效潜水员证书者不得进行潜水作业。潜水员所从事的潜水作业必须与所持证书核准的潜水种类相符,不得进行证书核准类别以外的潜水作业。潜水员潜水作业或加压锻炼后必须严格按潜水记录簿的要求填写潜水记录。潜水员在潜水作业时必须严格遵守《潜水员安全操作规程》。不具备安全作业条件时严禁实施潜水作业。潜水员虽持有有效的潜水员证书,但在实施潜水作业前本人自觉身体不适,任何人不得强令其潜水作业。为了防止减压病与其他高气压疾病,潜水员必须严格遵守下潜和上升规则。在作业时,如果不准确地计量潜水深度、时间以及上升时的水深和停留时间等,将会发生一些意想不到的恶果。

我国潜水行业管理还存在一些亟待解决的问题。一些民营企业从潜水人员的体格检查、技术培训,到作业的组织、安全操作等,缺乏基本常识,几乎有章不循。更有甚者无证上岗,置生死于不顾,一味地追逐经济利益,致使潜水员伤亡事故时有发生,令人触目惊心。

2. 爱岗敬业,忠于职守,自觉履行岗位职责

潜水员只有真正热爱自己的工作岗位,才能以高涨的热情全身心的投入工作中,以高度的事业心和责任感完成好每一项任务,才能把自己的劳动付出(包括智力和体力的付出)当成一种乐趣,而不是一种负担或仅仅是一种谋生的手段。敬业的潜水员会在工作岗位上专心、认真、负责地履行其岗位职责,表现出勤勤恳恳、兢兢业业、任劳任怨的强烈事业心和忘我精神。

例如,潜水设备的质量与性能与潜水员的生命安危息息相关,应该始终保持良好状态。这些设备在作业前一定要进行仔细检查。作业船甲板应随时做好清理、整顿工作,否则,甲板上就会杂乱无章,这种情况有时会导致一些意想不到的事故。

3. 工作认真负责,诚实守信

诚实守信不仅是道德的基础,也是职业道德的基本要求。由于潜水作业是在水下,一般都没有第三方检查和监理,潜水员在作业时,应自觉追求精益求精的工作质量,尽可能地将工作做到尽善尽美。如果一个潜水员在职业活动中不诚实、不守信、不能兑现自己的承诺,那么他就得不到服务对象的信任,也就无法完成本职工作。潜水员的工作水平和工作质量代表着潜水企业单位的形象,如果不履行合同,不重视工作的质量,以次充好,假冒伪劣,一味地追求利润,那么企业不久便会信誉扫地。因此,诚实守信不仅是一般的社会公德,也是职业道德的根本。

在水下作业时,由于自身生理原因,或水下条件制约,或潜水装具制约,有可能造成水下任务不能完成。在汇报工作情况时,应如实汇报不能完成任务的真实原因,不能因任何个人原因而隐瞒真实的情况。否则,不仅会造成资源浪费,甚至会造成其他潜水员的作业风险。

4. 面对危机,沉着冷静,果断勇敢

水下环境恶劣,寒冷、水流急、能见度低、有障碍物等,都会对潜水员造成一定的威胁,使其产生害怕的心理,这就要求潜水员在心理上要过关,能经受高度的身心紧张,有灵敏的反应,临危不乱,行动敏捷准确。同时,在黑暗、寒冷的水下环境中,独立地完成各种作业任务,这要求潜水员须具备坚强的意志。

当遭遇突发意外时,首先要沉着冷静,保持理智和清醒。只有冷静,控制好自己的情绪,才能思考如何处理问题。当遭遇突发意外时,心理素质较好者,也会感到紧张害怕,但大脑清醒,肌肉有力,反应敏捷,行动有力;心理素质不好者,如平素胆小怕事者,见灾难临头便会目瞪口呆,不知所措,不知赶快逃离,最终导致危险。潜水员对突发事件的反应方式,既与个体特征有关,也与平时潜水训练有关,因此,潜水员平时要自觉加强对突发事件应付能力的训练。其次,正确判断,果断决策。突发事件发生后,可先进行几秒钟的思考,对危险的来源、性质和应对方式,迅速作出正确判断。在面对危机时应当机立断,任何犹豫不决、等待观望的行为都会使危机变得更大,更难处理。心理上有高度生存期望,常能使人忍受巨大的伤痛,应对极其困难的处境,奇迹般地存活下来。要坚信自己能自救或获救,动员全身的巨大储备能力,有效地应对当前的困境。

5. 刻苦学习,钻研业务,努力提高思想文化素质和岗位技术技能

技艺高超的潜水员通常并不吹嘘自己的潜水深度,而是孜孜不倦地涉猎各种与潜水有关的知识,严格遵守潜水规则,善始善终地完成作业任务,卓有成效的提高生产效率。要技术过硬就必须勤奋学习专业知识,钻研自己的本职工作。勤奋就是要手勤、脚勤、眼勤、脑勤,这是提高学习和工作效率的关键。要能经受得起工作中的艰难困苦,有勇气、有毅力去克服职业生活中不时遇到的各种困难。

除了心理上过硬,潜水员能沉着冷静地处理突发事件,关键还要靠技术,以克服困难,完成任务。他们应该训练有素,即使遇到事故,也能根据自己的判断,迅速地采取适当处置措施。例如,自给气式潜水装具是利用咬嘴进行呼吸的,有时这种潜水装具会因为呼吸管漏水或自动调节阀失灵而导致供气中断,在这种情况下,潜水员如果惊慌失措,即使在很浅的水域,也会酿成溺水事故;相反,只要潜水员在上升时控制好气阀,一点一点地放气,沉着地把肺里的气体慢慢排出去(防止造成肺气压伤),便能安全返回水面。为了能够沉着机智地应付这种情况,自如地掌握摆脱困境的技术,平时就要进行全面而严格的训练。当然,这种要求和训练不只限于潜水员,联络员、供气人员、船员等也应如此。

6. 谦虚谨慎,团结协作,主动配合

潜水作业是一种协作性很强的工作,只有相互合作,才能更安全、更高效地完成任务。这要求潜水员要正确处理和同事的关系,搞好团结协作。谦虚谨慎是搞好团结的前提。当具备了谦虚谨慎的优良品质,在处理与同事的关系中,就能够做到正直诚实、真诚相待、虚心学习、取长补短、互敬互谅、互相信任,有利于建立友谊,增强团结,促进良好团队的形成。同事之间在业务能力和知识水平上各有长处,要互相学习;在潜水作业时要互相支持,互相配合,做到分工不分家。青年潜水员应主动、虚心地向老潜水员请教,学习他们精湛的技能和丰富的经验,学习他们优秀的职业道德和优良的工作作风。老潜水员应爱护和关心青年潜水员的成长,学习他们思想敏锐、充满活力、改革创新、开拓进取的精神。由于水下环境复杂,要培养一个合格的潜水员需要较长的时间,职业潜水员的职业经历大致为:10年学习,10年工作,10年传、帮、带。培养合格职业潜水员的工作是一个复杂的"工程",不是一个人能单独完成的,而是需要互相帮助、团结协作,形成一个坚强的作业团队,才有力量去解决工作中的各种问题,取得良好的工作成果。

潜水作业是一种协作性很强的工作,搞好作业人员之间的相互联络是极其重要的。尤其是在紧急情况下,及时而良好的联络在心理方面也能起到积极作用。电话等通信工具应经常保养,努力做到作业时不发生故障。在夜间或在浑浊的海水中作业时,潜水员必须手拉手,以便保持联系。一旦失散,可敲击气瓶互相提示位置。作业时,水面监视人员可在潜水员上方安上特定的彩旗并系上浮标,该浮标可随着潜水员移动而移动,以便监视人员准确地知道潜水员的水下位置。

潜水作业时,多是两名潜水员同时下水,相互配合作业。潜水员只有相互合作,才能更安全,更高效地完成任务。作业时绝不可相互扯皮,互相推诿,造成工作无法完成。如其中一人发生意外,另一人应该义无反顾、无条件的救助。

7. 安全第一，重视环保，坚持文明作业

潜水员作业时不仅要清醒地认识到自己是处在水下高压这一事实，而且还要深入了解有关环境特点，坚持安全第一的原则，这是非常重要的。潜水作业时除在作业海域设置浮标外，最好有两个人以上共同作业，尽量避免单独潜水。为防止事故发生，潜水员必须随时与船上(陆地)保持联络。船上的监视或监督工作也丝毫松懈不得。在超出作业安全系数的恶劣天气条件下，应停止作业，绝不可为赶任务而冒险作业。

施工作业时，要正确处理安全生产与保护环境的关系，增强安全意识、环保意识、预防事故，保障人身健康安全，控制和消除环境污染，使用清洁的产品和能源，减少环境的污染、材料的浪费、废物的排放，加强废物的综合利用。对水域环境造成污染损害的物质，包括油类、油性混合物、货物残余物、生活污水、垃圾、废气等。施工期不随意向海上丢放生产、生活垃圾或有害物质。垃圾集中保管，油污和污水应收集集中，输送到指定的区域或由海事部门统一处理。创造安全文明的工作环境，在生产中做到安全文明施工、遵守有关法规及合同条款的规定，创造文明施工条件。潜水设备的质量与性能与潜水员的生命安危息息相关，在作业前一定要进行仔细检查，并随时做好作业船甲板清理工作等。

8. 生活规律，不染恶习，锻炼身体，增强体质

潜水员的身体素质必须符合《联业潜水员体格检查要求标准》(GB 20827—2007)。持证潜水员每年必须到县级以上的医疗机构，按要求进行一次全面的体格检查，潜水员管理部门由此作出维持潜水员资格的结论性意见，并将体格检查结果填入潜水员健康档案。经体检，健康状况已不符合要求的持证潜水员在年审时不再维持其潜水员资格。由此可见，身体强健是潜水员工作的前提和基础。对于潜水员来说，经常注意自己的健康保养，保证充足的睡眠，以充沛的精力和健壮的身体进行潜水作业，是极其重要的。从事潜水作业的人身体都很强健，因此对自己的身体很自信，也正因为如此，有的人往往不注意保养身体。有的潜水员有时在潜水深度和时间方面，甚至未达到以前的潜水标准，竟然患上了减压病。询问原因时获知，他们几乎都是因为前一天晚上酗酒而致病的。各国通例对此均有明文规定，禁止潜水员在作业前一天饮服能降低其体力和精力的或会产生副作用的药品、饮料等，以免产生上述问题。

潜水员应坚持体育锻炼和加压锻炼，保持强健的体魄。除按规定完成维持资格的每年最低工作量(即在一年内，空气潜水员必须在25米以浅的水中或相当于25米水深的压力下，实际潜水或加压锻炼不少于12次，每次潜水时间不少于30分钟)外，平时还应坚持锻炼身体，增强体质。

第二部分

规章制度

第三章

中国潜水打捞行业协会潜水自律管理办法

第一章 总则

第一条 为保障潜水作业安全和人员健康,加强自律管理,促进潜水行业的发展,制定本办法。

第二条 中国潜水打捞行业协会会员(以下简称"会员")从事潜水活动,应遵守本办法。

第三条 潜水作业应遵循严守规则、注重程序、安全第一的原则。

第四条 中国潜水打捞行业协会(以下简称"协会")负责组织实施本办法。

第五条 协会专家委员会随机抽选专家组成评估委员会和考评委员会(以下简称"评估委"和"考评委")按照规定的指标和工作程序对潜水人员、潜水培训机构、潜水服务能力与信用进行评估、考评和复核工作。

第二章 潜水职业保障

第六条 会员应建立潜水员的健康安全和劳动保障制度,落实相应的保障措施,以保障潜水员的健康与人身安全。

第七条 会员应当按国家有关规定办理潜水员的工伤、医疗、养老、失业保险,以及意外伤害险等其他社会保险,并按时足额交纳各项保险费用。

第八条 会员应为潜水员提供必要的工作及生活的保障条件,按规定为潜水员进行健康检查,建立健康档案,有效预防潜水事故及职业疾病。

第九条 会员应当依法与潜水员订立劳动合同。在劳动合同有效期间潜水员患病或者身体受到伤害,应当及时给予救治;潜水员在工作中失踪或者死亡的,应当及时按照有关法规做好相应的善后工作。

第十条 会员应聘用持有效潜水员证书和潜水员健康证书的潜水员进行

潜水及水下作业。

第十一条　会员应根据潜水职业风险性及劳动强度等因素,按照劳动合同向潜水员支付合理的工资和津贴,并按时足额发放。

第三章　潜水人员评估

第十二条　申请开展潜水培训的会员应依照本办法及有关指标自愿申请潜水培训机构评估。通过评估后可开展相应的潜水培训,潜水培训机构的评估指标见附件一。

第十三条　潜水人员评估

一、潜水人员基本条件

(一)潜水员年满18周岁,但最高年龄不超过55周岁,并具有高中或同等以上学历;

(二)潜水员、潜水监督的体格条件符合国家标准《职业潜水员体格检查要求》(GB/T 20827)的规定,其他潜水人员的体格条件符合《船员健康检查要求》(GB 30035)的要求。

二、潜水人员评估指标

各类潜水人员申请评估,除符合上述基本条件外,还应符合下列相应的指标:

(一)实习空气潜水员

按相关标准完成空气潜水员培训,考评合格。

(二)空气潜水员

符合下列条件之一:

1. 实习潜水员实习期满,并具有30次(或30小时)以上的潜水作业经历。

2. 政府教育行政主管部门核准的院校潜水专业毕业生,可直接申请空气潜水员评估。

(三)空气潜水监督

1. 通过空气潜水员评估,并具有5年以上持证潜水和100次以上空气潜水作业经历者;

2. 按相关标准完成空气潜水监督培训后,考评合格;

3. 担任为期12个月的助理空气潜水监督,期间有60工作日担任100次空气潜水助理监督记录。

(四)混合气潜水员

1. 通过空气潜水员评估,至少有100天的现场作业经历,并完成至少60次的潜水作业;

2. 按相关标准完成混合气潜水培训后,考评合格;

3. 参与至少50天以上的现场混合气潜水作业,其中,应执行至少10次以上混合气潜水作业；

4. 符合上述指标并应有 90 天以上实习期。

（五）混合气潜水生命支持员

1. 按相关标准完成混合气潜水培训后，考评合格；

2. 符合上述指标并应有 6 个月实习期，具有至少 100 工作日作为实习混合气潜水生命支持员的现场经历。

（六）混合气潜水监督

1. 通过混合气潜水员评估、具有持证 2 年以上的混合气潜水作业经历，并通过空气潜水监督评估；

2. 具有 350 天的空气或混合气潜水现场作业，具有 150 次以上空气潜水作业或混合气的潜水工作经历；

3. 按相关标准完成混合气潜水监督培训后，考评合格；

4. 符合上述要求并经过 35 个工作日的混合气潜水助理监督实习。

（七）饱和潜水员

1. 通过空气潜水或混合气潜水员的评估；

2. 具有参与 200 天空气潜水或混合气潜水现场作业经历并至少参与 100 次潜水作业，饱和潜水系统实操至少 30 个工作日；

3. 按相关标准完成饱和潜水员培训后，考评合格；

4. 具有一舱次以上的饱和潜水实习经历。

（八）饱和潜水监督

1. 通过饱和潜水员、空气潜水监督或混合气潜水监督评估；

2. 具有 100 天以上空气潜水或混合气潜水现场作业担任潜水监督的经历；

3. 按相关标准完成饱和潜水监督培训后，考评合格；

4. 具有至少参与 65 天饱和潜水作业，一舱次以上饱和潜水助理监督的实习经历。

（九）饱和潜水生命支持员

1. 通过饱和潜水员的评估；

2. 具有至少 100 工作日作为实习饱和潜水生命支持员的现场经历；

3. 按相关标准完成饱和潜水生命支持员培训后，考评合格；

4. 若担任饱和潜水员 3 年以上，应有至少 360 小时的控制面板操作记录；否则，应有累计至少 2 400 小时的控制面板操作记录。

（十）潜水项目经理符合下列条件之一：

1. 具有大专及以上文化程度或潜水中等专业学校毕业，从事潜水工程管理相关工作 3 年以上的人员，按相关标准完成项目经理培训且考评合格；

2. 持潜水监督证书的人员，按相关标准完成项目经理培训且考评合格；

3. 持有建造师执业资格证书、项目管理师（PMP）资格证书的人员，从事潜水工程管理相关工作1年以上，按相关标准完成项目经理培训且考评合格。

（十一）潜水作业安全员

1. 从事潜水工程安全管理相关工作1年以上；

2. 按相关标准完成潜水作业安全员培训，考评合格。

三、军队潜水员

军队潜水员满足3年以上潜水经历，并提供同等有效的潜水培训、潜水经历、潜水记录及体检合格等有效证明材料，可自愿申请相应的潜水员证书。

第十四条　市政工程潜水人员评估

一、市政工程潜水员

（一）按相关标准完成市政工程潜水员培训，考评合格；

（二）实习期半年，且具有30次（或30小时）以上的市政工程潜水作业经历。

二、市政工程潜水监督

（一）通过市政工程潜水员评估，并具有5年以上市政工程潜水和100次以上市政工程潜水作业经历；

（二）按相关标准完成市政工程潜水监督培训后，考评合格。

三、市政工程潜水项目经理

具有高中及以上文化程度，从事市政工程潜水管理相关工作2年以上，按相关标准完成市政工程潜水项目经理培训且考核合格。

四、市政工程潜水作业安全员

（一）从事市政工程潜水安全管理相关工作1年以上；

（二）按相关标准完成市政工程潜水作业安全员培训，考评合格。

第十五条　满足下列指标的可申请评估并获得协会核发的潜水培训教员证书：

一、理论课教员：具有对口专业的大专以上学历或中级以上技术职称，并有2年以上潜水有关的理论教学实践经验；

二、熟悉所教授的潜水理论和业务及较好的数学、力学、物理等基础知识；

三、实操课教员：具有潜水专业中专以上学历、从事潜水作业8年以上或取得潜水监督证书者，并具有2年的助理潜水教学实操经验；

四、通过考评考核合格者。

第十六条　潜水员的培训与考评

实行培考分离的原则，由潜水培训机构按照本办法的规定组织培训，协会从专家委员会成员中随机抽取人选组成"考评委"，并负责培训学员理论和实操课程的考评。

第十七条　潜水员应学习和掌握心肺复苏(CPR)和急救(FirstAid)知识,并具有基本操作能力。

第十八条　潜水员应持有《潜水员记录簿》,潜水服务会员还应建立《潜水作业记录簿》,规范填写,并由潜水监督签署,保存期不得少于五年;上述记录簿由协会统一监制,并对《潜水员记录簿》《潜水作业记录簿》所记载的情况由协会专家委员会不定期抽查。

第十九条　潜水医师

符合下列指标者可申请潜水医师评估:

一、持有国务院卫生主管部门颁发的职业医师证书和医师执业资格证书;

二、按相关标准要求,完成系统的潜水医学理论培训和实际操作课程;

三、培训考评合格后,需有12个月的实习潜水医师经历;

四、满足在紧急情况下进入压力环境内救治或守护伤病员的体格条件。

第二十条　潜水医学技士

满足下列条件之一者:

一、取得协会空气潜水员证书,并具有8年以上持证潜水经历。

二、持有协会空气潜水监督证书;

三、持有医学院校大专以上毕业证书,且身体条件符合《海船船员体检要求》(GB 30035)的要求;在完成了规定潜水医学技士理论和实操课程并考评合格,经180天作为助理潜水医学技士的现场实习经历后,可申请评估取得证书。

第二十一条　潜水医学技士在潜水医师直接或通过远程医疗方式的指导下,负责现场日常和潜水作业过程中的相关医学保障工作。

第四章　证书及其有效性

第二十二条　潜水员证书与潜水员健康证书合并使用,潜水员证书获得评估通过之日起(除超龄者外),有效期5年;持证潜水员应每年出具体检合格的有效证明,其健康证书有效期为12个月,并向"评估委"报检一次。身体不合格的或未提供或不能提供有效健康证明的,其潜水员健康证书失效,潜水员证书同时停止使用,并在协会网站上公布。

第二十三条　在潜水员身体恢复并提供身体合格有效证明后,"评估委"应重新评估潜水员健康状况;但时间最长不应超过24个月。

第二十四条　潜水员证书每5年复核一次。复核的主要内容:

一、潜水员身体条件合格;

二、潜水员年龄小于55周岁;

三、会员提供的潜水员能力与诚信资料;

四、协会掌握的申报单位潜水员能力与诚信和职业道德情况。

第二十五条 其他潜水人员证书每5年复核一次,在复核前应进行短期再培训,经复核合格者,其证书继续维持有效;复核不合格者,其证书失效;潜水监督需具备潜水能力,年满55周岁证书失效。

第二十六条 潜水医师能力5年复核一次,复核的主要内容:

一、适应潜水现场正常工作的身体状况;

二、过往潜水医学保障工作记录;

三、潜水医学保障工作胜任能力及诚信的评价;

四、协会掌握的申报单位潜水医师能力与诚信和职业道德情况。

第二十七条 按照有关规定和标准,潜水培训教员证书,每5年复核一次,复核合格者证书继续有效。

第二十八条 按有关指标,会员潜水服务能力与信用评估结果每3年复核一次。复核合格的,其证书继续有效;对复核不合格的应书面通知申请人。

第二十九条 按有关指标,会员潜水培训机构评估结果每3年复核一次。复核合格的,其证书继续有效;对复核不合格的应书面通知申请人。

第五章 潜水作业

第三十条 会员可依照本办法及有关指标自愿申请相应的评估,通过评估后可从事潜水活动。

第三十一条 潜水服务单位实施潜水作业前,应书面任命潜水项目经理与潜水监督具体组织实施潜水作业。

第三十二条 应根据作业深度和任务选择不同的潜水方式,并组成潜水作业队(组)。

一、市政工程潜水现场作业队(组)不得少于5人,其中市政工程潜水作业安全员(同时兼任市政工程潜水监督)1名,市政工程潜水员不少于1名。

二、自携式潜水不得少于3人,其中潜水监督1名,潜水员不少于2名。

三、水面供气空气潜水不少于5人,其中潜水监督1名,潜水员不少于3名。

四、混合气潜水不少于7人,其中潜水监督1名,生命支持员1名,潜水员不少于4名。

五、饱和潜水不少于10人,其中潜水监督2名,潜水员不少于6名,生命支持员2名,另应配备合理数量的机电员。

第三十三条 潜水服务单位应遵循《潜水及水下作业通用规则》、参照《中国潜水打捞行业团体标准》进行潜水活动,根据本单位潜水作业的实际情况和特点,建立细化安全操作规程或潜水作业指导手册、潜水设备核对清单和设备使用说明等文件,供潜水项目经理与潜水人员随时查阅。

第三十四条 实施潜水作业时注意以下事项:

一、潜水现场应指定预备潜水员,需要时可随时潜入水中进行水下援救。

二、非饱和潜水员完成减压后 1 小时内应在减压舱附近作严密观察,2~6 小时内应在距离减压舱不超过 2 小时路程范围内做一般观察。饱和潜水员完成减压后 24 小时内不得远离减压舱。非饱和潜水员和饱和潜水员在特殊情况下需搭乘飞行器时,应有潜水医师指导意见。

三、潜水监督应及时组织排除潜水现场水下及附近的任何异常、危险和不安全因素,否则不能实施潜水作业。

四、市政工程潜水作业人员应掌握在市政管网有限空间环境下潜水作业的安全知识、操作技能及工作程序。

五、市政工程潜水作业人员在进入市政管道作业时,应遵循"先检测—后作业"的原则,并采取有效措施,防止市政管道中有毒有害气体、易燃性气体、污染有毒水质等对潜水员安全和健康的影响。

六、在可航水域实施潜水作业的,应在潜水现场 3 米以上高处悬挂潜水信号旗,夜间作业时设置潜水灯光信号。

七、严格控制潜水作业周期,实施非饱和潜水作业时,潜水员在 24 小时内,工作时间不得超过 12 小时,并保证至少有 8 小时的不间断休息时间。实施饱和潜水作业时,潜水员在潜水钟内的停留时间不应超过 8 小时,每天出潜总时间不应超过 6 小时,并应保证有至少 12 小时的不间断休息时间;饱和潜水员在饱和环境下持续停留时间一般不应超过 28 天。饱和潜水员减压出舱后,在常压下的休息时间应不少于饱和舱内的停留时间,之后方可再度进行饱和潜水。

八、任何方式的潜水,应按减压原则和要素,正确选择并严格执行减压方案。潜水员应熟悉潜水系统、减压设备的操作和应急程序。

九、在航行和移动中的船舶或设施上禁止潜水。潜水员自感不适或因其他理由认为不宜潜水或不宜在水下继续停留时,应及时向潜水监督报告。

十、潜水员 90 天内未实际潜水作业的,应适度进行加压锻炼或潜水训练,并作相应记录。

第六章　潜水医学保障

第三十五条　按照相关标准要求建立潜水医师培训体系和潜水医师注册制度。

第三十六条　潜水服务单位应视潜水作业复杂程度和需要,聘请持证潜水医师,未聘请潜水医师的应建立远程医疗方式,与潜水医师保持通信联系。

第三十七条　潜水医师负责或指导潜水医学技士执行日常和潜水作业期间的潜水医学保障及现场急救、潜水疾病的处置以及签署潜水员体格检查结论意见。

第三十八条 饱和潜水或根据其他潜水作业需要,潜水作业机构可派遣数量合理的潜水医师负责现场的医学保障工作。

第三十九条 潜水员每年应在国务院卫生主管部门认定的二级乙等以上医院进行年度体检,经两位持证潜水医师签署认定体检合格与否,并填入潜水员健康证书。

第七章 潜水设备和装具

第四十条 潜水设备和装具应经具有法定资质的检验机构认证;潜水钟、饱和居住舱、高压气瓶等特种设备,还应按照《特种设备安全监察条例》的规定,取得国务院特种设备安全监督管理部门的制造许可,并由该部门认可的检验机构监督检验。任何单位均不得非法使用无合格证书或应该报废而未报废的潜水设备和装具进行潜水。

第四十一条 在船舶和设施上安装潜水设备,应确保其稳固性和统一性,并应由具有法定资质的船舶检验机构检验并获得合格证书。

第四十二条 潜水服务单位应建立定期的潜水设备和装具检测制度,在使用前后均应作例行检查。潜水设备的改进、修理、试验或保养后应进行检测。上述检查、检测结果应作相应的记录并存入技术档案。

第四十三条 潜水呼吸气体储气量应满足潜水作业要求,保证潜水作业过程中有充足的呼吸气体供给。气源卫生条件应符合相关标准。

第四十四条 潜水通信系统应具有双向通话功能,其清晰度和稳定性应保证水面与水下潜水员的联系畅通无阻。采取其他的联络方法时应保证信息传递准确无误。

第四十五条 潜水员供气管、信号绳以及相关索具、工具等的强度、耐磨性、阻力等应符合相关标准和要求并应有产品合格证。

第八章 事故报告和调查

第四十六条 发生潜水员伤亡或等级事故后,有关潜水服务单位应及时如实向协会书面报告。

第四十七条 有关人员接受事故调查时,应当如实提供有关情况和证据,不得谎报或者隐匿、毁灭证据。事故调查机构在调查取证结束后30天内依据调查事实和证据作出调查结论,并书面通知潜水事故当事人。

第四十八条 发生潜水事故的潜水服务单位应当依据调查结论及时总结经验教训并采取应对措施,避免类似事故再发生。

第四十九条 协会专家委员会应查证事故原因,及时提出案例分析,通报会员潜水服务单位及相关部门,引以为鉴。

第九章 责任

第五十条 会员潜水单位有下列行为之一的,由协会按照本办法及相关规定给予提示、限期整改。经提示仍不改正的应撤销其潜水服务等级评估和潜水作业安全证书。

一、聘用和允许未获本办法规定的潜水员证书和无体检合格证明或持失效体检证明的潜水员进行潜水及水下作业;

二、因租借、买证卖证或变相买证卖证而造成潜水员伤亡后果的;

三、偏离原本办法自律管理精神和具体要求,以不正当或不规范方法或手段组织潜水及水下作业的。

第五十一条 潜水培训机构有下列行为之一者,由协会按照本办法的规定给予提示、限期整改,或不予评估潜水培训机构证书或撤销其潜水培训机构证书。违反本办法,情节严重,造成直接或间接后果的潜水培训机构自负民事和法律责任。

一、擅自更改或调整培训计划或减少培训课时的;

二、未取得教学证书的人员充任理论或实操教员的;

三、参训人员不符合规定条件的;

四、未经书面核准从事异地培训的;

五、未按培训大纲和教材进行培训或弄虚作假的;

六、未取得证书或超越评估范围开展培训的;

七、因买证卖证或变相买证卖证而造成潜水员伤亡后果的。

第五十二条 潜水员有下列行为之一者,协会按照本办法规定给予暂停或撤销其潜水员证书:

一、无健康证书或健康证书过期或未提供健康证明和使用逾期未复核证书进行潜水作业的;

二、所持潜水证书与其进行的潜水方式不符的;

三、租借、冒用、涂改、变造、伪造潜水证书的;

四、未实际参加或未完全参加潜水培训,采取非正当手段获得潜水证书及买证或变相买证行为的。

第五十三条 违反本办法的规定,使用不具备安全技术标准的船舶、潜水设备或装具实施潜水作业造成重大伤亡或严重后果的,自负法律责任。

第十章 附则

第五十四条 本办法下列用语之含义

一、潜水 人类在水下或高压环境中,呼吸与环境压力相等的压缩空气或人工混合气,最后返回水面或常压环境的过程。

二、潜水人员 主要包括:潜水员、潜水监督、生命支持员、机电员、机电监督、生命支持监督、潜水医学技士、潜水医师、潜水项目经理、潜水作业安全员、ROV操作员、ROV操作监督等。

三、潜水深度 潜水作业中潜水员所达到的最大深度,单位以米计。

四、潜水方式 包括采用自携式水下呼吸器、水面供应空气或混合气装具、饱和潜水系统,连同相关程序和技术的一种潜水模式,分为空气潜水、混合气潜水及饱和潜水。

五、饱和潜水 潜水或在压力环境下,潜水员身体组织中呼吸的惰性气体达到饱和,增加水下工作时间将不再增加减压时间的潜水方式。

六、潜水设备 应用于潜水及水下作业的所有设备。

七、潜水个人装具 潜水员个人用以解决呼吸、保暖和作业所穿戴的服装及佩挂的全部物具。

八、潜水钟 一种可在水下或水下作业场所之间往返运送潜水员或用于潜水作业时潜水员临时栖息的钟型舱室,分为闭式钟和开式钟。

九、潜水监督 由潜水作业机构书面任命,组织潜水作业和安全管理的负责人。

十、潜水助理监督 已完成潜水监督培训,在现场进行潜水监督实习的人员。

十一、潜水项目经理 由潜水作业承包商书面任命,为该单位承接潜水作业任务的全权项目负责人。

十二、生命支持员 为潜水员提供一个安全、舒适的工作、生活环境,以及保证其正常工作的设备系统的操控人员,多见于混合气、饱和潜水作业,适用于混合气、饱和潜水。

十三、潜水作业安全员 承担潜水作业现场具体安全工作。

十四、机电员负责潜水活动中潜水设备、系统、工具操作、维修保养及水、电保障的人员。

十五、脐带 潜水钟、系缆潜水器或水下居住舱等从潜水站获得电能、联络信号、气体和热水的软管束。

十六、饱和居住舱 备有生活设施,供饱和潜水员居住的潜水压力舱。

第五十五条 《潜水服务能力与信用评估证书》《潜水作业安全证书》《潜

水培训机构证书》《潜水员证书》等由中国潜水打捞行业协会统一监制。

第五十六条　本办法由中国潜水打捞行业协会负责解释。

第五十七条　本办法自2018年6月15日起试行。中国潜水打捞行业协会2016年1月1日颁布的《潜水自律管理办法》(试行)同时废止。

说明:本办法如有与国家有关法律法规相冲突的地方,以国家法律法规为准。

附件一:潜水培训机构评估指标

一、潜水培训机构评估分为空气潜水、混合气潜水、饱和潜水培训机构评估及ROV操作人员培训机构评估等级,一个机构可同时申请并获得多个培训机构评估等级。

二、潜水培训机构评估的适用范围:

经协会评估的市政工程潜水培训机构,可开展市政工程潜水员、市政工程潜水监督、市政工程潜水作业项目经理、市政工程潜水作业安全员的评估指标培训;

经协会评估的空气潜水培训机构,可开展空气潜水员、空气潜水监督的评估指标培训;

经协会评估的混合气潜水培训机构,可开展混合气潜水员、混合气潜水生命支持员、混合气潜水监督的评估指标培训;

经协会评估的饱和潜水培训机构,可开展饱和潜水员、饱和潜水监督、饱和生命支持员、饱和潜水机电员的评估指标培训;

经协会评估的ROV作业人员潜水培训机构,可开展ROV操作员、ROV监督评估指标培训。

三、会员申报潜水培训机构评估,应满足下列指标:

(一)市政工程潜水培训机构评估指标

1.教员评估指标和数量

(1)理论教员具有相关专业的大专及以上学历或中级以上技术职称,数量不少于4名。其中持有中国潜水打捞行业协会颁发的空气潜水员理论教员证书教员的数量不少于3名,持有空气潜水员(市政工程类)理论教员证书教员的数量不少于1名。

(2)实操教员具有中专及以上学历,且从事工程潜水工作8年以上,数量不少于4名。其中持有中国潜水打捞行业协会颁发的空气潜水员实操教员证书教员的数量不少于3名,持有空气潜水员(市政工程类)实操教员证书教员的数量不少于1名。

2. 基础设施

（1）应具有可容纳 20 人以上的教室，配置电化教学设备。

（2）应具有不小于长 15 米、宽 10 米、深 2.5 米的训练池。

（3）应具有可控的污水井供学员进行演练。

3. 装具和设备

（1）应配备不少于 4 台空气压缩机及相应的储气罐、供气管道和控制面板，每个培训现场应配备至少 2 台空气压缩及相应的储气罐、高压气瓶、供气管道和控制面板。

（2）应配备适用于污染水域及密闭空间的潜水装具。

（3）自携式潜水装具应配备不少于 4 套。

（4）水面供气需供式潜水装具应配备不少于 6 套。

（5）通风式潜水装具应配备不少于 2 套。

（6）加压舱（甲板减压舱）应配备不少于 1 套符合 GB/T 16560—2011 要求的加压舱（甲板减压舱）及其供气系统。

（7）潜水吊笼应配备不少于 1 套符合 JT/T 930—2014 要求的潜水吊笼及其吊放系统。

4. 其他

（1）应具有符合规定的名称、组织机构和章程以及相应的管理制度；

（2）应具有有效的安全保障和急救措施；

（3）应建立和运行有效的质量保证体系；

（4）应统一使用协会批准认定的培训大纲和培训教材开展市政工程潜水员的培训，并具有详尽的课程标准以及培训组织和实施方法。

（二）空气潜水培训机构评估指标

1. 教员评估指标和数量

（1）理论课教员应具有对口专业的大专以上学历或中级以上技术职称，并有 2 年以上教学实践经验；

（2）实操课教员应具有潜水专业中专以上学历从事潜水工作 8 年以上，或潜水工作 10 年以上并取得潜水监督评估指标，并有 2 年的潜水教学实操经验；

（3）潜水人员培训所需的专业理论课教员不少于 4 名，实操课教员不少于 4 名。

2. 基础设施

（1）能容纳 20 人以上的教室，配置电化教学设备；

（2）不小于长 15 米、宽 10 米、深 2.5 米的训练池；

（3）可供使用的深水训练场所；

(4)水面加压舱 2 套以上,水面加压舱应有符合《甲板减压舱》(GB/T 16560—2011)要求的减压舱 2 套以上,并具备法定检验机构颁发的有效证书。

3. 装具和设备

(1)自携式潜水装具 10 套以上;

(2)通风式潜水装具 6 套以上;

(3)水面需供式潜水装具(面罩式和头盔式各 3 套以上);

(4)潜水钟或潜水吊笼 1 套;

(5)满足潜水训练和保证学员安全的供气系统。

4. 其他

(1)具有符合规定的名称、组织机构和章程以及相应的管理制度;

(2)具有有效的安全保障和急救措施;

(3)建立和运行有效的质量保证体系;

(4)应统一使用协会批准认定的培训大纲和培训教材开展培训,并具有详尽的课程标准以及培训组织和实施方法。

(三)混合气潜水员培训机构评估指标

除满足空气潜水员培训机构评估指标外,还应:

1. 至少应有混合气潜水培训所需要的理论课教员和实操课教员各 2 名,并有满足混合气潜水培训的其他人员,包括潜水监督、生命支持员等;

2. 配置 1 套用于实操训练的深潜模拟系统;

3. 氦氧电话 2 台以上;

4. 热水机 1 台;

5. 热水服 3 套以上;

6. 满足混合气潜水训练的组织保障能力和实施程序。

(四)饱和潜水员培训机构评估指标

除满足空气、混合气潜水员培训机构评估指标外,还应:

1. 至少应有饱和潜水人员培训所需要的理论课教员和实操课教员各 2 名,并有满足饱和潜水培训的其他人员,包括潜水监督、生命支持员、潜水机电员;

2. 有 1 套用于实操训练的饱和潜水系统;

3. 满足饱和潜水训练的组织保障能力和实施程序。

(五)ROV 作业人员培训机构评估指标

1. 教员评估指标和数量

(1)理论课教员 3 名以上,具有对口专业的大学以上学历或中级以上技术职称,并应有 5 年以上 ROV 作业或维修工作经验,其中 ROV 监督培训的理论教员还应有 2 年以上监督工作经验;

(2)实操课教员 3 名以上,具有大专以上学历并持有有效的 ROV 监督评估指标。

2. 基础设施和设备

（1）能容纳20人以上的教室1间以上，配有多媒体教学设备；

（2）用于教学演示/维修实操用的实训室1间，面积不少于80平方米；

（3）不小于长25米、宽15米、深2.5米的训练池；

（4）具备工作级ROV 1套，用于教学演示的ROV 1套。

3. 其他

（1）建立有效的培训质量保证体系；

（2）有ROV操作训练的安全规程和应急程序。

（3）应统一使用协会批准认定的培训大纲和培训教材开展培训，并具有详尽的课程标准以及培训组织和实施方法。

四、潜水培训机构应统一使用协会认定的培训大纲和培训教材开展相应潜水人员的培训。

第四章

中华人民共和国潜水员管理办法实施细则

为贯彻《中华人民共和国潜水员管理办法》，使之顺利的实施，做好潜水员的培训、考核、发证工作，具体规定如下：

一、培训种类和培训内容

（一）培训种类

1. 空气潜水员培训

空气潜水员培训是指：采用自携式轻潜水装具（40米以浅）、通风式重潜水装具和水面需供式轻潜水装具呼吸压缩空气，从事60米以浅的潜水培训。

2. 混合气潜水员培训

混合气潜水员培训是指：采用水面需供式轻潜水装具呼吸混合气体，从事120米以浅的潜水培训。

3. 饱和潜水员培训

饱和潜水员培训是指：采用饱和潜水系统，从事300米以浅的潜水培训。

（二）培训内容

1. 空气潜水员培训

按1998年交通部颁发的《民用潜水员培训计划与培训大纲》要求进行培训。

2. 混合气潜水员培训

按混合气潜水员培训暂行规定要求进行培训。

3. 饱和潜水员培训

按饱和潜水员培训暂行规定要求进行培训。

二、培训机构的条件

（一）空气潜水员培训机构

1. 教员资格和数量

（1）理论课教员，应具有大专以上学历，并有一定的教学实践经验；

（2）实操课教员，应具有潜水专业中专以上学历，且从事潜水工作八年以上，有一定的理论基础和较丰富的实践经验；

（3）理论课教员、实操课教员均不少于四名，其中一名是潜水医学教员；

2. 基础设施

（1）能容纳20人的教室一间；

（2）不小于长5米、宽10米、深2.5米的训练池一个；

（3）可供使用的深水训练场所一处；

（4）水面加压舱室一间。

3. 装具和设备

（1）自携式轻潜水装具十套，须满足每二名学员一套；

（2）通风式重潜水装具三套，须满足每五名学员一套；

（3）水面需供式轻潜水装具三套，须满足每五名学员一套；

（4）具有一套符合GB\T 16560—1996 1类舱《甲板减压舱》要求的，甲板减压舱须持有法定检验机构颁发的有效证书；

（5）空气压缩机应满足潜水装具和加压舱供气需要。

（二）混合气潜水员培训机构

按混合气潜水员培训暂行规定要求配备。

（三）饱和潜水员培训机构

按饱和潜水员培训暂行规定要求配备。

三、培训机构的申报及考核

（一）培训机构的申报

潜水员培训机构申报应按照《中华人民共和国潜水员管理办法》中第六条、第七条的标准要求，向交通运输部救助打捞局（以下简称救捞局）递交潜水员培训机构申请表和申请报告，申请颁发潜水员培训机构许可证。

（二）培训机构的考核

上报材料完备并符合要求，救捞局在收到上报材料后的15个工作日内派出考核小组，对申报单位进行考核。经考核符合条件的，由救捞局颁发相应的潜水员培训机构许可证；对不符合条件的，由救捞局提出整改意见。申报单位整改后提交整改报告，经考核符合条件的颁发相应的潜水员培训机构许可证。考核时间一般不超过三天，考核费用由被考核单位承担。

（三）培训机构的变更

培训机构改变名称、场所、法定代表人，须向救捞局递交变更申请报告，填写潜水员培训机构变更申请表，救捞局视变更情况作出批准或不批准的决定。

培训机构改变潜水员培训种类和规模，须向救捞局递交变更申请报告，填写潜水员培训机构申请表，经救捞局考核后作出批准或不批准的决定。

四、培训机构的审验

救捞局每三年对培训机构进行一次审验,审验的主要内容包括:培训计划和培训大纲的执行情况,质量控制、日常教学管理、内部管理等事项。

培训机构应对三年来开展的潜水员培训情况进行全面的自查,并向救捞局提供以下内容的报告:

(一)各类培训的期次、人数、教学、训练等情况;

(二)师资、设备等情况;

(三)存在的问题。

经审验合格的颁发新许可证;审验不合格的提出整改意见,整改后经审验仍不合格的,注销许可证;未经审验的许可证无效。

五、潜水员的考核

(一)潜水员的考核,根据民用潜水员培训计划和培训大纲、混合气潜水员培训暂行规定、饱和潜水员培训暂行规定的要求,对申请人的理论、实操、安全操作规程进行考核,还包括思想品质及体验情况等。考核合格的发给相应种类的潜水员证书,不合格的不发给潜水员证书,并书面通知考核申请人,同时说明理由。

(二)考试试卷由救捞局统一命题,并负责考试的监督、检查、评卷,由培训机构进行考试。

(三)非产业潜水员和转业军队潜水员按本条规定申请潜水员证书的考核,申请人应提供有效的潜水经历、潜水记录和潜水技术培训的有关材料,由救捞局指定或委托培训机构按本条规定办法进行。

六、潜水员证书的申办

申办潜水员证书应向救捞局提交以下材料:

(一)申请人的有关材料

1. 培训结业证书;

2. 由申请人填写的《潜水员考核申请表》二份;

3. 由县级以上医院,按潜水员体格标准进行体检后出具的体检合格证明;

4. 近期二英寸黑白证件照四张。

(二)培训机构的材料

1. 申办潜水员证书报告;

2.《潜水员培训办证登记表》一份;

(三)救捞局要求的其他材料。

七、潜水员证书年审

潜水员证书为潜水员资格认可之凭证。经年审合格后,证书继续有效。遇有特殊情况不能及时年审的,可提前或推后,但须事先得到救捞局的批准。救

捞局负责对潜水员进行年审考核,年审需要提供以下材料:

(一)由本人填写的《潜水员年审申请表》;

(二)六个月内的体格检查表;

(三)潜水员证书;

(四)有效的潜水经历,潜水员记录簿和潜水技术训练的有关材料。

第五章

加压表使用要求及方法

空气常规潜水与高气压作业减压表

表1 我国海军空气潜水减压表(使用说明)

一、术语与符号说明

1."潜水深度"系指潜水员下潜的实际深度。在水下工作期间如有潮汐变化或作业深度变化,应以最大深度为准。

2."水下工作时间"系指潜水员自头盔没入水中起,到离底上升时为止的这段时间。

3."上升到第一停留站时间"系指潜水员从水底上升到第一停留站所用的时间。

4."各停留站停留时间"系指潜水员到达该站起,直至离开该站时止的这段时间,它不包括各停留站间的移行时间。

5."减压总时间"系指潜水员离底上升时起,直到潜水员减压完毕时止的这段时间。它包括"上升到第一停留站时间""各停留站停留时间"以及"各站间移行时间"(均为1 min)在内。水面减压时,水面间隔时间未计入其中。

6.在每个深度档内,标有"※"者为水下工作适宜时间的极限。在一般情况下,水下工作时间不宜超过此限,特殊情况例外。

7.减压方案内带"*"者,表示采用水面减压法时,在该停留站(12 m或9 m)停留完毕后可以直接出水进入加压舱内进行水面减压。

二、减压方案的选择

1.减压方案的概念:根据潜水实际深度及实际水下工作时间,在减压表的相应深度档内找到相应的水下工作时间,据此即能查到"上升到第一停留站时间"与"各停留站深度及各站停留时间"等一整套实施减压的依据,称为"减压方案"。对具体的减压方案,习惯上就以深度(m)／时间(min)来称呼。例如,潜水深度 45 m，水下工作时间 30 min，即在 45 m 深度档的 30 min 一栏内找出减压方案，称为 45 m/30 min 方案。

2. 减压方案的选择：若实际潜水深度超过减压表上某个深度，或水下工作时间超过表上某一规定时间，应选择深度较大，水下工作时间较长的相应方案，如潜水深度 44 m，水下工作时间 28 min，应按 45 m/30 min 方案减压。

3. 基本减压方案（基本方案）：凡根据潜水员实际潜水深度和水下工作时间这两项基本参数选择的减压方案，称为"基本减压方案"，简称"基本方案"。

在下列情况下，通常按基本方案减压：潜水员经过适当的加压锻炼或经常潜水、潜水员潜水技术及水下作业技能良好、无易发减压病的历史、劳动强度较轻或中等、水温 10 ℃ 以上、流速 0.5 m/s 以内、硬底质。

4. 修正（延长）方案：当某些因素影响潜水员安全减压时，减压方案必须在基本方案的基础上进行修正延长。这些因素包括：潜水员在水下进行繁重的体力劳动；潜水员技术不熟练；较长时间（2 周以上）未参加潜水或未经过充分的加压锻炼，以致对高气压环境的适应性较差；有易患减压病的历史；水温低于 10 ℃；流速 0.5 m/s 以上；软泥底质等。

采用延长方案时应根据影响因素的多少及程度，一般选择基本方案下一时间档的减压方案，必要时可以从水下工作时间及潜水深度两个方面同时进行修正延长。

三、使用本表的注意事项

1. 本表的每一种减压方案都允许采用：水下空气减压、水面（加压舱内）空气减压和水面（加压舱内）氧气减压，并可由一种减压方法转换为另一种。

呼吸压缩空气的减压时间为各减压方案中各停留站上的未加括号的数字（min）；水面（加压舱内）吸氧减压时间在表中则用括号内数字（min）表示。

2. 潜水员的水下工作时间不宜超过各深度的"适宜工作时间极限"（带 ※ 号者）。

3. 下潜速度应以潜水员自身感觉而定，一般为 15～20 m/min，下潜时间全部计入"水下工作时间"内。

4. 从水底上升到第一停留站的速度为 12 m/min，若上升速度较快，应将剩余时间合并到第一停留站的停留时间内。

5. 各站间上升移行时间均为 1 min。

6. 如果由于特殊原因，潜水员未经减压直接上升至水面（如"放漂"），必须尽快（3 min 以内）重新下潜到比第一停留站深 3 m 的深处，在该处停 5 min，然后减压。减压方案选择的依据是：深度按原作业深度；水下工作时间应包括原水下工作时间、直接上升至水面的时间、水面停留时间、重新下潜所用的时间以及在某深度处停留的时间在内。若另有其他影响因素，更应适当修正延长。

如果水面停留时间超过 3 min,必须下潜到原作业深度,停留 5 min 后,选择相应的方案减压(减压方案选择依据同上)。

四、采用水面减压方法的注意事项

1. 用水面减压时,当第一停留站深度 ≥ 12 m 时,则必须在 12 m 停留站减压完毕(当第一停留站深度为 9 m 时,则必须在该站停留完毕)后,方可直接出水。如果第一停留站深度 ≤ 6 m 时,则水中无需停留减压,可以直接出水。

2. 出水后立即卸装,然后进入甲板加压舱并迅速将舱压升至相当于水下最后一个停留站深度的压力。在该压力下,若采用吸空气减压,则停留 10 min;若采用吸氧减压,则停留 5 min。然后按减压方案的各自规定的各站停留时间停留减压。

3. 潜水员离开水中最后一个停留站出水、卸装、进入甲板加压舱并将舱压升至相当于水中最后一个停留站深度的压力值,这个过程所需的时间称为"水面间隔时间",该时间不得超过 6 min。

4. 凡潜水员对减压病高度敏感,或咽鼓管通气性能不良而有碍在加压舱内快速加压的,则不应采用水面减压法。采用水面减压法减压时,在水面间隔时间内如果潜水员出现皮肤瘙痒或肌肉关节轻度疼痛时,则在舱内减压时最好采用吸氧方案并按延长方案处理。如果上述症状不能消除,则应按减压病加压治疗表进行加压治疗。

表 1 我国海军空气潜水减压表

潜水深度(m)	水下工作时间(min)	上升到第一停留站时间(min)	各停留站深度(m)及各站停留时间(min)											减压总时间(min)	
			33	30	27	24	21	18	15	12	9	6	3	空气减压	氧气减压
12	145	1												1	
	180	1											4 (2)	6	4
	240※	1											11 (6)	13	8
	360	1											20 (10)	22	12
15	80	2												2	3
	100	1											2 (1)	4	5
	120	1											5 (3)	7	8
	145	1											11 (6)	13	14
	180※	1											24 (12)	26	23
	240	1										6 (3)	34 (17)	43	40
	360	1										15 (8)	57 (29)	75	
18	45	2												2	
	60	2											5 (3)	8	6
	80	2											13 (7)	16	10
	100	1										4 (2)	16 (8)	23	13
	120※	1										6 (3)	22 (11)	31	17
	145	1										9 (5)	27 (14)	39	22
	180	1										14 (7)	36 (18)	53	28
	240	1									5 (3)*	24 (12)	48 (24)	81	43

第五章 加压表使用要求及方法

续表

潜水深度(m)	水下工作时间(min)	上升到第一停留站时间(min)	各停留站深度(m)及各站停留时间(min)												减压总时间(min)	
			33	30	27	24	21	18	15	12	9	6	3	空气减压	氧气减压
21	35	2												2	
	45	2											6(3)	9	6
	60	2											17(9)	20	12
	80	2										7(4)	19(10)	30	18
	100※	2										13(7)	26(13)	43	24
	120	1									2(1)*	16(8)	33(17)	55	30
	145	1									6(3)*	20(10)	41(21)	71	38
	180	1									12(6)*	29(15)	46(23)	91	48
	240	1								5(3)*	22(11)	36(18)	62(31)	130	68
24	25	2												2	
	30	2											4(2)	7	5
	35	2											7(4)	10	7
	45	2										7(4)	15(8)	26	16
	60	2										11(6)	21(11)	36	21
	80	2									6(3)*	13(7)	26(13)	50	28
	100※	2									8(4)*	17(9)	33(17)	63	35
	120	1								8(4)*	13(7)*	22(11)	39(20)	79	43
	145	1								12(6)*	16(8)	31(16)	44(22)	104	55
	180	1								19(10)*	19(10)	37(19)	56(28)	129	68
	240	1							8	19(10)*	29(15)	46(23)	70(35)	178	97

续表

潜水深度(m)	水下工作时间(min)	上升到第一停留站时间(min)	各停留站深度(m)及各站停留时间(min)												减压总时间(min)	
			33	30	27	24	21	18	15	12	9	6	3	空气减压	氧气减压
27	20	3											3	6	5
	25	2											3 (2)	6	7
	30	2											8 (4)	11	11
	35	2											9 (5)	17	20
	45	2										4 (2)	19 (10)	35	27
	60	2									6 (3)*	12 (6)	24 (12)	48	35
	80	2									11 (6)*	13 (7)	30 (15)	63	46
	100※	2								8 (4)*	12 (6)	17 (9)	38 (19)	86	58
	120	2								13 (7)*	15 (8)	22 (11)	29 (15)	44 (22)	107	71
	145	2								17 (9)*	22 (11)	36 (18)	53 (27)	134	93
	180	1							9	20 (10)*	28 (14)	42 (21)	65 (33)	170	
30	15	3												3	5
	20	3											2 (1)	6	7
	25	3											6 (3)	10	11
	30	3											13 (7)	17	15
	35	2										7 (4)	13 (7)	24	25
	45	2									6 (3)*	12 (6)	21 (11)	44	33
	60	2									11 (6)*	16 (8)	27 (14)	59	47
	80※	2								11 (6)*	13 (7)	20 (10)	35 (18)	85	64
	100	2							5	13 (7)*	19 (10)	30 (15)	40 (20)	114	78
	120	2							9	16 (8)*	24 (12)	36 (18)	47 (24)	139	99
	145	2							16	18 (9)*	29 (15)	42 (21)	61 (31)	173	123
	180	1						6	17	25 (13)*	37 (19)	54 (27)	68 (34)	214	

续表

潜水深度(m)	水下工作时间(min)	上升到第一停留站时间(min)	各停留站深度(m)及各站停留时间(min)											减压总时间(min)	
			33	30	27	24	21	18	15	12	9	6	3	空气减压	氧气减压
33	15	3												3	
	20	3											4 (2)	8	6
	25	3											11 (6)	15	10
	30	2										8 (4)	13 (7)	26	16
	35	2									7 (4) *	9 (5)	16 (8)	37	22
	45	2									10 (5) *	13 (7)	24 (12)	52	29
	60	2								10 (5) *	13 (7)	18 (9)	29 (15)	76	42
	80※	2								15 (8) *	18 (9)	25 (13)	37 (19)	101	55
	100	2							13	18 (9) *	23 (12)	32 (16)	46 (23)	139	80
	120	2							18	21 (11) *	28 (14)	40 (20)	54 (27)	168	97
	145	2						12	19	26 (13) *	35 (18)	49 (25)	64 (32)	213	127
	180	2						18	23	37 (19) *	51 (26)	64 (32)	76 (38)	277	164
36	10	3												3	
	15	3											5 (3)	9	7
	20	3											9 (5)	13	9
	25	3										9 (5)	11 (6)	25	16
	30	3										12 (6)	16 (8)	33	19
	35	2									10 (5) *	12 (6)	17 (9)	45	26
	45	2								7 (4) *	11 (6)	17 (9)	24 (12)	65	37
	60	2							6	10 (5) *	16 (8)	21 (11)	32 (16)	92	53
	80※	2							14	17 (9) *	24 (12)	31 (16)	41 (21)	134	79
	100	2						9	15	21 (11) *	31 (16)	38 (19)	52 (26)	174	104
	120	2						14	17	26 (13) *	35 (18)	48 (24)	60 (30)	208	124
	145	2					11	14	22	32 (16) *	44 (22)	58 (29)	65 (33)	255	156

续表

潜水深度(m)	水下工作时间(min)	上升到第一停留站时间(min)	各停留站深度(m)及各站停留时间(min)											减压总时间(min)	
			33	30	27	24	21	18	15	12	9	6	3	空气减压	氧气减压
39	10	4												4	
	15	3											7 (4)	11	8
	20	3										6 (3)	7 (4)	18	12
	25	3									6 (3)*	7 (4)	14 (7)	33	20
	30	3									9 (5)*	11 (6)	17 (9)	43	26
	35	3								7 (4)*	9 (5)	15 (8)	18 (9)	56	33
	45	3								10 (5)*	12 (6)	19 (10)	27 (14)	75	42
	60	2						5	9	12 (6)	19 (10)	25 (13)	35 (18)	113	69
	80※	2						11	13	19 (10)	26 (13)	35 (18)	47 (24)	159	97
	100	2					7	11	17	25 (13)	36 (18)	47 (24)	58 (29)	210	128
	120	2					12	14	21	33 (17)	43 (22)	55 (28)	66 (33)	253	156
	145	2				9	12	19	27	39 (20)	51 (26)	64 (32)	73 (37)	304	192
42	5	4												4	
	10	4											2 (1)	7	6
	15	4											10 (5)	15	10
	20	3										8 (4)	11 (6)	24	15
	25	3									10 (5)*	12 (6)	17 (9)	45	26
	30	3									12 (6)*	16 (8)	20 (10)	54	30
	35	3								10 (5)*	12 (6)	17 (9)	23 (12)	69	39
	45	3							8	10 (5)*	14 (7)	23 (12)	29 (15)	92	55
	60※	2						9	11	15 (8)*	25 (13)	30 (15)	35 (18)	133	82
	80	2					8	9	15	21 (11)*	32 (16)	40 (20)	51 (26)	185	114
	100	2					11	15	20	31 (16)*	43 (22)	55 (28)	66 (33)	250	154
	120	2				10	12	18	24	39 (20)*	54 (27)	64 (32)	73 (37)	304	190
	145	2				17	19	24	33	48 (24)*	61 (31)	72 (36)	84 (42)	368	236

第五章 加压表使用要求及方法

续表

潜水深度 (m)	水下工作时间 (min)	上升到第一停留站时间 (min)	各停留站深度(m)及各站停留时间(min)												减压总时间 (min)	
			33	30	27	24	21	18	15	12	9	6	3	空气减压	氧气减压
45	5	4												4	7
	10	4											3 (2)	8	12
	15	4											13 (7)	18	18
	20	4										10 (5)	13 (7)	29	29
	25	3									12 (6)*	14 (7)	19 (10)	51	37
	30	3								10 (5)*	12 (6)	16 (8)	22 (11)	67	44
	35	3								11 (6)*	14 (7)	21 (11)	25 (13)	78	69
	45	3						7	9	11 (6)*	17 (9)	26 (13)	32 (16)	111	98
	60※	2					7	10	12	18 (9)*	26 (13)	33 (17)	42 (21)	157	133
	80	2				6	8	11	17	25 (13)*	36 (18)	44 (22)	56 (28)	213	185
	100	2				10	11	16	24	36 (18)*	50 (25)	64 (32)	77 (39)	298	233
	120	2			8	12	15	23	33	47 (24)*	59 (30)	72 (36)	82 (41)	362	289
	145	2			14	15	22	31	42	57 (29)*	70 (35)	83 (42)	95 (48)	440	
48	5	4												4	7
	10	4											4 (2)	9	15
	15	4										8 (4)	9 (5)	23	25
	20	3									10 (5)*	11 (6)	13 (7)	41	36
	25	3								10 (5)*	11 (6)	13 (7)	21 (11)	62	40
	30	3								12 (6)*	13 (7)	18 (9)	22 (11)	72	59
	35	3							11	12 (6)*	16 (8)	24 (12)	27 (14)	98	86
	45	3						9	14	16 (8)*	23 (12)	30 (15)	37 (19)	138	126
	60※	2				6	9	10	16	23 (12)*	31 (16)	41 (21)	51 (26)	197	170
	80	2			5	8	10	14	21	33 (17)*	44 (22)	57 (29)	66 (33)	269	227
	100	2			9	11	14	20	30	46 (23)*	61 (31)	74 (37)	82 (41)	358	283
	120	2		7	11	13	18	26	39	56 (28)*	72 (36)	88 (44)	98 (49)	440	

续表

潜水深度(m)	水下工作时间(min)	上升到第一停留站时间(min)	各停留站深度(m)及各站停留时间(min)												减压总时间(min)	
			33	30	27	24	21	18	15	12	9	6	3	空气减压	氧气减压
51	5	5												5	
	10	4											8 (4)	13	9
	15	4										11 (6)	13 (7)	30	19
	20	4									12 (6) *	13 (7)	19 (10)	51	30
	25	4								12 (6) *	13 (7)	17 (9)	21 (11)	71	41
	30	3							9	12 (6) *	14 (7)	21 (11)	25 (13)	89	54
	35	3							11	18 (9) *	20 (10)	24 (12)	30 (15)	111	65
	45※	3					8	10	13	19 (10) *	28 (14)	37 (19)	44 (22)	169	106
	60	3				10	11	13	19	29 (15) *	38 (19)	50 (25)	60 (30)	241	153
	80	2			8	13	15	19	28	44 (22) *	54 (27)	62 (31)	71 (36)	325	210
	100	2		9	10	13	17	25	36	55 (28) *	70 (35)	84 (42)	93 (47)	424	274
54	5	5											2 (1)	8	7
	10	5											12 (6)	18	12
	15	4									5 (3) *	9 (5)	16 (8)	37	23
	20	4								9 (5) *	11 (6)	14 (7)	18 (9)	60	35
	25	4							7	11 (6) *	13 (7)	18 (9)	23 (12)	81	50
	30	4							12	15 (8) *	19 (10)	22 (11)	27 (14)	104	64
	35	3						12	14	15 (8) *	25 (13)	30 (15)	35 (18)	140	89
	45※	3					13	15	17	24 (12) *	33 (17)	43 (22)	51 (26)	206	132
	60	3				14	16	18	24	36 (18) *	46 (23)	57 (29)	64 (32)	286	185
	80	3			16	17	19	26	33	46 (23) *	59 (30)	75 (38)	87 (44)	390	258
	100	2		14	16	18	23	32	43	64 (32) *	79 (40)	92 (46)	101 (51)	494	327

续表

潜水深度(m)	水下工作时间(min)	上升到第一停留站时间(min)	各停留站深度(m)及各站停留时间(min)											减压总时间(min)	
			33	30	27	24	21	18	15	12	9	6	3	空气减压	氧气减压
57	5	5											4 (2)	10	8
	10	5										5 (3)	8 (4)	20	14
	15	4									7 (4)*	11 (6)	17 (9)	42	26
	20	4								11 (6)*	13 (7)	16 (8)	19 (10)	67	39
	25	4							10	12 (6)*	14 (7)	20 (10)	24 (12)	89	54
	30	4						12	13	16 (8)*	21 (11)	29 (15)	32 (16)	133	85
	35	3					10	13	14	19 (10)*	25 (13)	35 (18)	39 (20)	165	108
	45※	3				10	14	16	22	32 (16)*	40 (20)	49 (25)	54 (27)	248	161
	60	3			12	14	18	23	28	43 (22)*	51 (26)	57 (29)	68 (34)	326	218
	80	3		14	16	19	24	29	37	54 (27)*	69 (35)	81 (41)	93 (47)	449	302
60	5	5											7 (4)	13	10
	10	5										7 (4)	10 (5)	24	16
	15	4									9 (5)*	12 (6)	19 (10)	48	29
	20	4								10 (5)*	13 (7)	16 (8)	20 (10)	74	45
	25	4							6	14 (7)*	17 (9)	22 (11)	23 (12)	101	64
	30	4						6	9	19 (10)*	24 (12)	28 (14)	34 (17)	145	93
	35※	4					12	14	16	24 (12)*	30 (15)	37 (19)	47 (24)	194	126
	45	3				14	17	15	18	34 (17)*	42 (21)	50 (25)	63 (32)	275	181
	60	3		10	14	17	20	20	24	48 (24)*	55 (28)	67 (34)	76 (38)	381	259
	80	3	12	14	18	20	25	26	35	60 (30)*	75 (38)	92 (46)	106 (53)	520	354

表 2 苏联海军空气潜水减压表（使用说明）

本表由苏联在 1958 年《潜水勤务规则》中颁布。

（一）本表供潜水员下潜深度 80 m（加压舱内压力为 0.8 MPa）以内停留后减压时使用。每一个减压方案都允许采用：水下空气减压，水下氧气减压，水面（加压舱内）空气减压和水面（加压舱内）氧气减压。并可由一种减压方法转换为另一种。呼吸压缩空气的减压时间为表内相应减压方案中各停留站上未加括弧的时间数字。氧气减压应在 15 米或更浅的深度内进行，呼吸氧气的减压时间在表中则用括弧内数字表示。

（二）潜水减压方案的选择

1. 基本方案

供在水底进行轻劳动或中等劳动；下潜时外界条件良好（水温在 10 ℃ 以上，流速不大，硬质水底）；经过锻炼，并具有在该深度进行工作经验和对减压病无特殊敏感素质的潜水员使用。采用基本方案时，主要依据潜水员的实际潜水深度和水下工作时间选择相应的方案。凡下潜深度和水下工作时间与表中的方案不一致时，应选择相近的较大深度和较长时间的方案。

2. 延长方案

供在水底进行繁重的体力劳动；下潜时外界条件不良（水温在 10 ℃ 以下，水流急，水底泥泞等）和锻炼很少的潜水员（没有具备在该深度进行工作经验及曾患过减压病）使用。采用延长方案时，主要是选择基本方案下一挡的减压方案。

（三）下潜和上升速率以及上升速率过快时的减压方案的选择

潜水员下潜的速率平均为 15 m/min，或依据潜水员本身的感觉调节。

潜水员从水底上升到第一停留站（或上升到水面）的平均速率为 7～8 m/min，并应按照减压表所规定的时间上升。

如潜水员上升到第一停留站速度超过了减压表上所规定的时间，则应回到比第一停留站深 3 m 处停留，在该处停留时间应相当于上升时剩余的时间。

如潜水员未在第一停留站停留，而一直上升到水面，必须令其回到比第一停留站深 3 m 处停留 5 min，然后按延长方案减压（计算水下工作时间应包括上浮时间及回到深处所用的时间）。

如潜水员在水面上超过 3 min，则令其重新回到水底停留 5 min，然后再准确地上升到规定的第一停留站减压。此时必须按延长方案。计算潜水员的水下工作时间应加上上浮及回到水底的总时间。

（四）氧气减压时应注意的事项

潜水员在水中吸氧减压的深度不超过 15 m。潜水员水下开始吸氧减压时，应先用氧气"清洗"潜水服。如用普通的通风式潜水装具进行氧气减压时，为节省耗氧量,可不"清洗",而提前一站接通氧气,并按该停留站的空气减压时间停留。后续各停留站则按括弧内的氧气停留时间减压。

在特殊情况下(如海面风浪较大),水下氧气减压可在深度不大于 12 m 的某一停留站上进行,将后续各停留站应停留的时间全部集中,一次停留完毕。然后再按每站停留 3 min 的时间,计算其上升水面的时间,上升出水。

(五) 采用水面减压时,潜水员可从 12 m 或浅于 12 m 的任何一站直接上升出水,转到加压舱内完成减压,但出水前必须在最后那个停留站停留完毕。如水底停留时间不长,第一停留站深度不超过 6 m,则在水中无须停留,可直接上升到水面,再转入加压舱内完成减压。潜水员从水中最后停留站停留完毕,然后减压上升到水面,卸装,再转入加压舱内,加压到要求的压力值,所需的总时间,称"水面间隔时间",规定不超过 6 min,潜水员转入加压舱后,舱内压应立即升至相当于水下最后一站深度的压力,在该压力下,若用空气减压,一律停留 10 min,再按原定水面空气减压有关时间减压;若用氧气减压,则在该深度一律停留 5 min,再按原定吸氧减压时间减压。

(六) 水面减压法只适用于在 45 m 以浅深度进行的潜水。若深于 45 m 时,只有在进行紧急防险救生工作和水下停留条件不利的时候采用。

凡潜水员对减压病高度敏感,或咽鼓管通气性能不良,而有碍在加压舱内快速加压的,则不应采用水面减压法。潜水员采用水面减压法减压,如果水面卸装时发现有皮肤瘙痒或肌肉关节疼痛时,则在舱内减压时应按延长方案处理。如果减压过程中发生这些症状时,则按当时的深度改用"应急情况潜水减压表"的相应方案实施减压。如上述症状仍不消失,则应按"减压病治疗表"进行加压治疗。

(七) 发生减压病早期症状时采取的措施

潜水员在减压时,若感到有任何不适,应及时向水面人员报告。潜水医师查明情况后,按下列原则采取必要的措施:① 减压时皮肤瘙痒,则必须延长在该停留站的停留时间,直到皮肤瘙痒消失为止,然后在该停留站按减压表规定的时间重复停留一次,停留结束后再令其上升到较浅的停留站;② 在减压时如果重复出现皮肤瘙痒,或开始发生肌肉、关节疼痛,必须令潜水员转到较深的停留站,按延长方案实施减压;③ 如果在后续的减压期间,肌肉、关节疼痛复发,则应按减压病加压治疗表的方案进行加压治疗。

表2 苏联海军空气潜水减压表

下潜深度(m)	水下工作时间(min)	升至第一停留站或水面时间(min)	各停留站深度(m) 停留时间(min)															减压总时间			
			42	39	36	33	30	27	24	21	18	15	12	9	6	3	空气减压		氧气减压	
			呼吸空气												呼吸空气(氧气)			h	min	h	min
12	360	2																02		
15	105	2																2		
	145	2															10（5）		12		07
	180	2															14（7）		16		09
	240	2														3（2）	15（8）		20		12
	300	2														10（5）	16（8）		28		15
18	45	2																03		
	60	2															5（3）		07		05
	80	2														3（2）	14（7）		16		09
	105	2														8（4）	16（8）		21		12
	145	2														8（4）	20（10）		30		16
	180	2														8（4）	26（13）		36		19
	240	2													5（3）*	18（9）	23（12）		48		26

第五章 加压表使用要求及方法

续表

下潜深度(m)	水下工作时间(min)	升至第一停留站或水面时间(min)	各停留站深度(m)															减压总时间			
			42	39	36	33	30	27	24	21	18	15	12	9	6	3	空气减压 h	空气减压 min	氧气减压 h	氧气减压 min
			呼吸空气										呼吸空气(氧气)				停留时间(min)			
21	35	3																03		06
	45	3															5 (3)		08		12
	60	3															17 (9)		20		15
	80	2													8 (4)	17 (9)		27		23
	105	2												7 (4)*	11 (6)	21 (11)		41		28
	145	2												8 (4)*	14 (7)	29 (15)		53		36
	180	2											3 (2)*	12 (6)	19 (10)	31 (16)	1	07		46
	240	2											10 (5)*	18 (9)	24 (12)	36 (18)	1	30		
24	25	3																03		06
	35	3														6 (3)		09		16
	45	3														6 (3)	20 (10)		29		20
	60	2															24 (12)		27		24
	80	2												7 (4)*	10 (5)	25 (13)		44		30
	105	2											10 (5)*	18 (9)	27 (14)		57		42
	145	2										9 (5)*	12 (6)	23 (12)	34 (17)	1	20		54
	180	2										4 (2)	13 (7)*	18 (9)	28 (14)	39 (20)	1	44	1	10
	240	2										4 (2)	19 (10)	29 (15)	32 (16)	50 (25)	2	16		

续表

下潜深度(m)	水下工作时间(min)	升至第一停留站或水面时间(min)	各停留站深度(m) 停留时间(min)										减压总时间			
			42	39	36	33	30	27	24	21	18	15	12	9	6	3
			呼吸空气									呼吸空气(氧气)				
															空气减压		氧气减压	
															h	min	h	min
27	20	4																04		04
	25	3														2 (1)		05		09
	35	3													12 (6)	12 (6)		15		20
	45	3												7 (4) *	12 (6)	22 (11)		37		25
	60	3												9 (5) *	20 (10)	23 (12)		45		30
	80	3											11 (6) *	15 (8)	22 (11)	29 (15)		56		43
	105	2										2 (1)	12 (6) *	21 (11)	28 (14)	43 (22)	1	21		
	145	2										9 (5)	16 (8) *	25 (13)	33 (17)	51 (26)	1	55		
	180	2										12 (6)					2	19	1	12
30	15	4														1 (1)		04		05
	20	4														4 (2)		05		06
	25	4													5 (3)	15 (8)		08		14
	35	3												2 (1) *	13 (7)	23 (12)		23		23
	45	3											1 (1) *	10 (5)	15 (8)	25 (13)		41		29
	60	3											10 (5) *	14 (7)	22 (11)	28 (14)		54		40
	80	2										2 (1)	14 (7) *	18 (9)	28 (14)	39 (20)	1	18		55
	105	2										5 (3)	15 (8) *	25 (13)	36 (18)	52 (26)	1	46	1	24
	145	2									10	13 (7)	21 (11) *	30 (15)	40 (20)	61 (31)	2	33	1	43
	180	2									14	19 (10)					3	07		43

续表

下潜深度(m)	水下工作时间(min)	升至第一停留站或水面时间(min)	各停留站深度(m) 42	39	36	33	30	27	24	21	18	15	12	9	6	3	减压总时间 空气减压 h	min	氧气减压 h	min
33	15	5														3 (2)		05		06
	20	4														10 (5)		07		09
	25	4														16 (8)		14		19
	35	3														24 (12)		34		26
	45	3											5 (3)*	10 (5)	26 (13)		49		38
	60	3												8 (4)*	14 (7)	32 (16)	1	12		49
	80	3										6 (3)	12 (6)*	16 (8)	25 (13)	41 (21)	1	34	1	14
	105	2										12 (6)	19 (10)*	20 (10)	33 (17)	65 (33)	2	15	1	51
	145	2								9	13	15 (8)	20 (10)*	30 (15)	42 (21)	65 (33)	3	16	2	27
	180	2								16	19	22 (11)	24 (12)*	39 (20)	60 (30)	73 (370)	4	15		
36	10	5														3 (2)		05		07
	15	5														4 (2)		08		07
	20	5												2 (1)*	6 (3)	12 (6)		09		14
	25	4											5 (3)*	10 (5)*	12 (6)	17 (9)		24		24
	35	4										4 (2)	14 (7)*	12 (6)	18 (9)	24 (12)		43		33
	45	3										10 (5)	18 (9)*	16 (8)	18 (9)	30 (15)	1	02		44
	60	3								7	11	14 (7)	19 (10)*	21 (11)	27 (14)	35 (18)	1	05	1	04
	80	3								13	15	17 (9)	19 (10)*	24 (12)	37 (19)	47 (24)	1	58	1	33
	105	3							11				24 (12)*	37 (19)	48 (24)	72 (36)	2	42	2	21
	145	2															3	59		

续表

下潜深度(m)	水下工作时间(min)	升至第一停留站或水面时间(min)	各停留站深度(m) 停留时间(min)															减压总时间			
			42	39	36	33	30	27	24	21	18	15	12	9	6	3	空气减压		氧气减压	
			呼吸空气										呼吸空气(氧气)				h	min	h	min
39	10	6																06		08
	15	5														6(3)		11		10
	20	5														9(5)		14		19
	25	4														14(7)		34		29
	35	4												3(2)*	6(3)*	10(5)	18(9)		53		39
	45	4												6(3)*	12(6)	16(8)	27(14)	1	13		59
	60	3									4	10(5)	18(9)*	16(8)	20(10)	30(15)	1	51	1	19
	80	2								5	10	14(7)	20(10)*	22(11)	24(12)	38(19)	2	26	2	01
	105	2							6	10	14	18(9)	21(11)*	23(12)	28(14)	57(29)	3	26	2	57
	145	2						8	13	16	18	20(10)	30(15)*	31(16)	47(24)	85(43)	4	55		
42	10	6																06		11
	15	6														9(5)		15		15
	20	5														15(8)		24		25
	25	5											4(2)	9(5)*	4(2)	16(8)		44		36
	35	4									2	16(8)	10(5)*	14(7)	14(7)	22(11)	1	06		46
	45	4									9	17(9)	20(10)*	19(10)	17(9)	27(14)	1	26	1	13
	60	3								12	14	20(10)	22(11)*	23(12)	22(11)	32(16)	2	11	1	39
	80	3							14	15	18	26(13)	23(12)*	25(13)	26(13)	42(21)	2	47	2	20
	105	3						12	18	18			39(20)*	34(17)	32(16)	76(38)	4	02	3	34
	145	2												49(25)	53(27)	75(38)	105(53)	5	59		

续表

下潜深度 (m)	水下工作时间 (min)	升至第一停留站或水面时间 (min)	各停留站深度(m) 停留时间(min) 呼吸空气									呼吸空气(氧气)				减压总时间			
			42	39	36	33	30	27	24	21	18	15	12	9	6	3	空气减压 h	空气减压 min	氧气减压 h	氧气减压 min
45	10	6														12 (6)		06		12
	15	6														16 (8)		18		32
	20	6													6 (3)	18 (9)		28		17
	25	5													15 (8)	23 (12)		50		29
	35	5											3 (2)*	9 (5)	20 (10)	29 (15)	1	15		41
	45	4										10 (5)	11 (6)*	16 (8)	25 (13)	37 (19)	1	47		57
	60	3									13	17 (9)	17 (9)*	22 (11)	30 (15)	52 (26)	2	35	1	05
	80	3							14	11	16	18 (9)	20 (10)*	24 (12)	38 (19)	79 (40)	3	20	2	59
	105	3						12	14	15	18	21 (11)	19 (10)*	25 (13)	61 (31)	86 (43)	4	51	4	15
	145	2					13	15	16	19	20	32 (16)	28 (14)*	39 (20)		113 (57)	7	03		
48	5	7														2 (1)		07		
	10	6													3 (2)	12 (6)		08		14
	15	6											6 (3)*	4 (2)*	7 (4)	17 (9)		21		31
	20	6											15 (8)*	10 (5)	16 (8)	20 (10)		34		50
	25	5									4	6 (3)	19 (10)*	18 (9)	22 (11)	29 (14)		57	1	20
	35	5							8	12	12	15 (8)	21 (11)*	23 (12)	26 (13)	33 (17)	1	35	2	16
	45	4						1	13	16	16	18 (9)	23 (12)*	26 (13)	37 (19)	44 (22)	2	16	3	06
	60	3					11	14	15	17	19	21 (11)	33 (17)*	38 (19)	49 (25)	66 (33)	3	06	4	19
	80	3				12	14	16	17	19	20	26 (13)	56 (28)*	45 (23)	70 (35)	94 (47)	4	19	5	42
	105	3			12	14	16	17			22	40 (20)		72 (36)	90 (45)	136 (68)	5	49	3	36
	145	3															8	17	5	

续表

下潜深度(m)	水下工作时间(min)	升至第一停留站或水面时间(min)	各停留站深度(m)															减压总时间			
			42	39	36	33	30	27	24	21	18	15	12	9	6	3	空气减压		氧气减压	
												停留时间(min)						h	min	h	min
														呼吸空气(氧气)							
						呼吸空气															
51	5	7																	07		10
	10	7															5 (3)		12		18
	15	6														9 (5)	14 (7)		29		28
	20	6												5 (3)*	8 (4)	18 (9)	18 (9)		49		38
	25	6												10 (5)*	13 (7)	12 (6)	21 (11)	1	08		59
	35	5											12 (6)	19 (10)*	20 (10)	24 (12)	31 (16)	1	51	1	36
	45	4								10	13	14 (7)	22 (11)*	27 (14)	30 (15)	39 (20)	2	41	2	22
	60	3						10	12	14	17	21 (11)	24 (12)*	35 (18)	29 (20)	49 (25)	3	44	3	22
	80	3					12	14	15	18	21	24 (12)	29 (15)*	49 (25)	57 (29)	77 (39)	5	19	4	15
	105	3				11	13	14	15	19	22	29 (15)	38 (19)*	56 (28)	80 (40)	111 (56)	6	51		
54	5	8																	08		11
	10	7															7 (4)		14		21
	15	7														10 (5)	17 (9)		34		31
	20	6											7 (4)*	10 (5)	14 (7)	18 (9)		55		42
	25	6										4 (2)	11 (6)*	13 (7)	19 (10)	22 (11)	1	15	1	18
	35	5									11	14 (7)	17 (9)*	21 (11)	29 (15)	39 (20)	2	16	2	01
	45	4						6	8	12	17	19 (10)	22 (11)*	31 (16)	37 (19)	47 (24)	3	17	2	54
	60	4					12	12	14	16	20	23 (12)	27 (14)*	37 (19)	48 (24)	65 (33)	4	32	4	01
	80	3				12	13	16	17	20	24	29 (15)	35 (18)*	58 (29)	64 (32)	84 (42)	6	15	4	55
	105	3			12	13	14	14	16	21	26	32 (16)	42 (21)*	62 (31)	92 (46)	124 (62)	7	51		

续表

下潜深度(m)	水下工作时间(min)	升至第一停留站或水面时间(min)	各停留站深度(m) / 停留时间(min)														减压总时间			
			42	39	36	33	30	27	24	21	18	15	12	9	6	3	空气减压		氧气减压	
			呼吸空气										呼吸空气(氧气)				h	min	h	min
57	5	8																08		13
	10	7													1(1)	10(5)		18		24
	15	7												4(2)*	11(6)	18(9)		40		35
	20	6											10(5)*	12(6)	16(8)	19(10)	1	03		45
	25	5										9(5)	12(6)*	14(7)	20(10)	24(12)	1	24		34
	35	5								8	13	15(8)	18(9)*	24(12)	34(17)	43(22)	2	40	1	27
	45	4						7	12	14	18	21(11)	26(13)*	35(18)	44(22)	56(28)	3	57	2	22
	60	4					12	14	16	18	21	27(14)	32(16)*	45(23)	55(28)	72(36)	5	16	3	35
	80	3				14	15	17	18	23	28	34(17)	42(21)*	64(32)	79(40)	93(47)	7	10	4	
60	5	9																09		16
	10	8													3(2)	11(6)		22		27
	15	7												7(4)*	12(6)	19(10)		45		38
	20	6										4(2)	10(5)*	13(7)	15(8)	20(10)	1	08		53
	25	6									4	10(5)	14(7)*	16(8)	22(11)	24(12)	1	36		50
	35	5								12	15	16(8)	19(10)*	28(14)	40(20)	52(26)	3	07	1	50
	45	5						12	14	18	20	24(12)	29(15)*	39(20)	48(24)	60(30)	4	29	2	59
	60	4				12	14	16	18	20	24	29(15)	36(18)*	49(25)	69(35)	80(40)	6	09	3	20
	80	4			13	15	16	17	19	26	32	39(20)	49(25)*	70(35)	90(45)	105(53)	8	15	5	

续表

下潜深度(m)	水下工作时间(min)	升至第一停留站或水面时间(min)	各停留站深度(m) 停留时间(min)															减压总时间			
			42	39	36	33	30	27	24	21	18	15	12	9	6	3	空气减压		氧气减压	
			呼吸空气											呼吸空气(氧气)				h	min	h	min
63	5	9														12(6)		09		17
	10	8													5(3)	20(10)		25		30
	15	8												9(5)*	14(7)	21(11)		51		42
	20	7											10(5)*	13(7)	17(9)	26(13)	1	14	1	06
	25	6										6(3)	15(8)*	18(9)	24(12)	58(29)	1	53	2	13
	35	6							11		13(7)	22(11)*	32(16)	47(24)	71(36)	3	41	3	23
	45	5					12	16	18(9)	33(17)*	44(22)	53(27)	95(48)	5	15	4	37
	60	4				11	14	17	22	27(14)	41(21)*	54(27)	70(35)	119(60)	7	02	6	02
	80	3		12	14	16	17	18	21	28	29	32(16)	56(28)*	80(40)	96(48)		9	19		
66	5	9														7(4)	13(7)		09		20
	10	9													12(6)*	19(10)	21(11)		29		35
	15	8											7(4)	12(6)*	14(7)	19(10)	21(11)	1	23	1	48
	20	7									3	14	17(9)*	20(10)	27(14)	29(15)	2	09	1	17
	25	6					13	6	10	12	16	19(10)	24(12)*	36(18)	52(26)	65(33)	4	08	2	31
	35	6				9	16	15	18	20	24	29(15)	37(19)*	49(25)	57(29)	75(38)	5	51	3	50
	45	5		11	13	15		18	20	25	35	42(21)	51(26)*	59(30)	74(37)	100(50)	8	03	5	21

续表

下潜深度 (m)	水下工作时间 (min)	升至第一停留站或水面时间 (min)	各停留站深度(m) 停留时间(min)														减压总时间			
			42	39	36	33	30	27	24	21	18	15	12	9	6	3	空气减压 h	空气减压 min	氧气减压 h	氧气减压 min
69	5	10																10		21
69	10	9											4 (2) *	12 (6)	9 (5)	14 (7)		32		37
69	15	8												15 (8)	20 (10)	22 (11)	1	06		57
69	20	7											14 (7) *	22 (11)	20 (10)	24 (12)	1	38	1	31
69	25	7										10 (5)	16 (8) *	40 (20)	30 (15)	35 (18)	2	27	2	48
69	35	6										14 (7)	27 (14) *	58 (29)	58 (29)	70 (35)	4	35	4	06
69	45	5									8	21 (11)	46 (23) *	40 (20)	74 (37)	92 (46)	6	37	6	03
69	60	4								6	13	32 (16)	55 (28) *	58 (29)	89 (45)	115 (58)	9	05		
72	5	10																10		23
72	10	9											10 (5) *	15 (8)	11 (6)	15 (8)		35		43
72	15	8											15 (8) *	16 (8)	20 (10)	23 (12)	1	16	1	03
72	20	7									3		21 (12) *	28 (14)	22 (11)	26 (13)	1	47	1	46
72	25	7									11	16 (8)	30 (15) *	44 (22)	33 (17)	39 (20)	2	53		
72	35	6									16	23 (12)	46 (23) *	59 (30)	65 (33)	75 (38)	5	15	3	18
72	45	5							14	22	28	35 (18)		59 (30)	80 (40)	93 (47)	7	28	4	53

呼吸空气 / 呼吸空气(氧气)

续表

下潜深度(m)	水下工作时间(min)	升至第一停留站或水面时间(min)	各停留站深度(m) 停留时间(min)														减压总时间			
			42	39	36	33	30	27	24	21	18	15	12	9	6	3	空气减压		氧气减压	
			呼吸空气										呼吸空气（氧气）				h	min	h	min
75	5	10														1 (1)	—	11	—	11
	10	9												2 (1)*	12 (6)	16 (8)	—	39	—	24
	15	8									1	6 (3)	12 (6)*	15 (8)	21 (11)	24 (12)	1	27	—	49
	20	8								6	8	12 (6)	16 (8)*	18 (9)	23 (12)	28 (14)	1	59	1	11
	25	7							10	12	14	17 (9)	23 (12)*	31 (16)	37 (19)	44 (22)	3	15	2	01
	35	7				9	12	14	15	18	21	26 (13)	33 (17)*	49 (25)	62 (31)	87 (44)	5	53	3	46
	45	5			14	15	16	18	20	24	30	38 (19)	50 (25)*	65 (33)	86 (43)	103 (52)	8	12	5	22
78	5	11														5 (3)	—	16	—	14
	10	10												4 (2)*	14 (7)	18 (9)	—	46	—	28
	15	8									3	9 (5)	14 (7)*	16 (8)	22 (11)	26 (13)	1	38	—	55
	20	8							2	8	10	13 (7)	17 (9)*	19 (10)	24 (12)	30 (15)	2	11	1	21
	25	7						6	11	12	15	18 (9)	25 (13)*	34 (17)	40 (20)	51 (26)	3	39	2	16
	35	6			8	13	14	15	16	19	23	29 (15)	37 (19)*	54 (27)	70 (35)	94 (47)	6	38	4	17
	45	6	8	14	15	16	17	18	21	26	32	42 (21)	55 (28)*	72 (36)	96 (48)	119 (60)	9	09	5	58

续表

下潜深度(m)	水下工作时间(min)	升至第一停留站或水面时间(min)	各停留站深度(m)															减压总时间			
			42	39	36	33	30	27	24	21	18	15	12	9	6	3	空气减压		氧气减压	
			停留时间(min)															h	min	h	min
			呼吸空气											呼吸空气(氧气)							
80	5	10													2 (1)	6 (3)		18		14
	10	10												6 (3)*	16 (8)	20 (10)		52		31
	15	9									6	10 (5)	15 (8)*	18 (9)	23 (12)	26 (13)	1	47	1	02
	20	8							6	9	12	14 (7)	18 (9)*	20 (10)	25 (13)	32 (16)	2	24	1	30
	25	7				13	5	7	14	15	16	19 (10)	27 (14)*	36 (18)	45 (23)	53 (27)	4	04	2	36
	35	6				14	15	16	17	20	24	31 (16)	41 (21)*	59 (30)	76 (38)	100 (50)	7	13	4	40
	45	5	15	15	13	17	18	19	22	28	34	45 (23)	59 (30)*	80 (40)	100 (50)	123 (62)	9	56	6	34

表3 美国海军空气潜水标准减压表（使用说明）

本表将一般空气减压表和例外暴露空气减压表合在一起。为了便于区分一般暴露与例外暴露的减压方案，在表中各深度内，介于两条横线之间的各时间方案均系例外暴露方案。

在使用说明中提到的各种限制规定，未经潜水作业的主管潜水医师批准，不得超越。在批准之前，必须对可能出现的后果做周密的考虑。

如果潜水的水底停留时间少于表中该深度第1个水底停留时间，该次潜水不需要减压。潜水员可按 9 m/min 的速率直接上升出水。这些不减压潜水的反复潜水分组符号可在不减压潜水表中查得。

例外暴露潜水方案无反复潜水分组符号，表明在例外暴露潜水后不允许进行反复潜水。

举例：潜水员刚完成了一次深度 43 m - 37 min 的援救潜水任务，在潜水过程中，感到特别寒冷和疲劳。应该采用哪一种减压方案？在减压结束时，他的反复潜水分组符号是什么？

按等于（或下档稍大于）实际潜水的深度及等于（或下档稍大于）实际潜水水底停留的时间，选择减压方案。这一方案应为 45 m - 40 min，具体实施步骤如下：

(1) 以 9 m/min 速率上升至 9 m，时间为 4 min，上升时间为 4 min；

(2) 在 9 m 处停留，时间为 5 min，上升时间为 9 min；

(3) 上升至 6 m，时间为 20 s，上升时间为 9 min 20 s；

(4) 在 6 m 处停留，时间为 19 min，上升时间为 28 min 20 s；

(5) 上升至 3 m，时间为 20 s，上升时间为 28 min 40 s；

(6) 在 3 m 处停留，时间为 33 min，上升时间为 61 min 40 s；

(7) 上升至水面，时间为 20 s，上升时间为 62 min.

第五章 加压表使用要求及方法

表3 美国海军空气潜水标准减压表

深度		水底停留时间(min)	上升到第1停留站时间(min:s)	各减压站深度(m)及停留时间(min)											上升总时间(min:s)	反复潜水分组符号
ft	m			39	36	33	30	27	24	21	18	15	12	9	6	3	
40	12.1	200														0	1:20	(*)
		210	1:00													2	3:20	N
		230	1:00													7	8:20	N
		250	1:00													11	12:20	O
		270	1:00													15	16:20	O
		300	1:00													19	20:20	Z
		360	1:00													23	24:20	**
		480	1:00													41	42:20	**
		720	1:00													69	70:20	**
50	15.2	100														0	1:40	(*)
		110	1:20													3	4:40	L
		120	1:20													5	6:40	M
		140	1:20													10	11:40	M
		160	1:20													21	22:40	N
		180	1:20													29	30:40	O
		200	1:20													35	36:40	O
		220	1:20													40	41:40	Z
		240	1:20													47	48:40	Z

续表

深度		水底停留时间(min)	上升到第1停留站时间(min:s)	各减压站深度(m)及停留时间(min)											上升总时间(min:s)	反复潜水分组符号
ft	m			39	36	33	30	27	24	21	18	15	12	9	6	3		
60	18.2	60	1:40													0	2:00	(*)
		70	1:40													2	4:00	K
		80	1:40													7	9:00	L
		100	1:40													14	16:00	M
		120	1:40													26	28:00	N
		140	1:40													39	41:00	O
		160	1:40													48	50:00	Z
		180	1:40													56	58:00	Z
		200	1:20												1	69	72:00	Z
		240	1:20												2	79	83:00	**
		360	1:20												20	119	141:00	**
		480	1:20												44	148	194:00	**
		720	1:20												78	187	267:00	**
70	21.3	50														0	2:20	(*)
		60	2:00													8	10:20	K

续表

深度		水底停留时间(min)	上升到第1停留站时间(min:s)	各减压站深度(m)及停留时间(min)														上升总时间(min:s)	反复潜水分组符号
ft	m			39	36	33	30	27	24	21	18	15	12	9	6	3		
70	21.3	70	2:00													14	16:20	L
		80	2:00													18	20:20	M
		90	2:00													23	25:20	N
		100	2:00													33	35:20	N
		110	1:40												2	41	45:20	O
		120	1:40												4	47	53:20	O
		130	1:40												6	52	60:20	O
		140	1:40												8	56	66:20	Z
		150	1:40												9	61	72:20	Z
		160	1:40												13	72	87:20	Z
		170	1:40												19	79	100:20	Z
80	24.3	40	2:20													0	2:40	(*)
		50	2:20													10	12:40	K
		60	2:20													17	19:40	L
		70	2:20												2	23	25:40	M
		80	2:00												2	31	35:40	N

续表

深度		水底停留时间（min）	上升到第1停留站时间（min:s）	各减压站深度（m）及停留时间（min）									上升总时间（min:s）	反复潜水分组符号
ft	m			39	36	33	30	27	24	21	18	15	12	9	6	3		
80	24.3	90	2:00												7	39	48:40	N
		100	2:00												11	46	59:40	O
		110	2:00												13	53	68:40	O
		120	2:00												17	56	75:40	Z
		130	2:00												19	63	84:40	Z
		140	2:00												26	69	97:40	Z
		150	2:00												32	77	111:40	Z
		180	2:00											6	35	85	122:40	**
		240	1:40											29	52	120	180:40	**
		360	1:40											59	90	160	281:40	**
		480	1:40										17	108	107	187	355:40	**
		720	1:20												142	187	456:40	**
90	27.4	30															3:00	(*)
		40	2:40													0	10:00	J
		50	2:40													7	21:00	L
		60	2:40													18	28:00	M
		70	2:20												7	25	40:00	N
		80	2:20												13	30	56:00	N

续表

深度		水底停留时间(min)	上升到第1停留站时间(min:s)	各减压站深度(m)及停留时间(min)													上升总时间(min:s)	反复潜水分组符号
ft	m			39	36	33	30	27	24	21	18	15	12	9	6	3		
90	27.4	90	2:20												18	48	69:00	O
		100	2:20												21	54	78:00	Z
		110	2:20												24	61	88:00	Z
		120	2:20												32	68	103:00	Z
		130	2:20											5	36	74	118:00	Z
100	30.4	25	3:00													0	3:20	(*)
		30	3:00													3	6:20	I
		40	2:40													15	18:20	K
		50	2:40												2	24	29:20	L
		60	2:40												9	28	40:20	N
		70	2:40											3	17	39	59:20	O
		80	2:40											7	23	48	74:20	O
		90	2:20											10	23	57	86:20	Z
		100	2:20											12	34	66	99:20	Z
		110	2:20										1	29	41	72	119:20	Z
		120	2:20										14	42	53	78	134:20	Z
		180	2:00												84	118	204:20	**
		240	2:00													142	285:20	**

续表

深度		水底停留时间(min)	上升到第1停留站时间(min:s)	各减压站深度(m)及停留时间(min)														上升总时间(min:s)	反复潜水分组符号
ft	m			39	36	33	30	27	24	21	18	15	12	9	6	3		
100	30.4	360	1:40									2	42	73	111	187	418:20	**
		480	1:40									21	61	91	142	187	505:20	**
		720	1:40									55	106	122	142	187	615:20	**
110	33.5	20	3:00													0	3:40	(*)
		25	3:20													3	6:40	H
		30	3:20													7	10:40	J
		40	3:00												2	21	26:40	L
		50	3:00											1	8	26	37:40	M
		60	3:00											7	18	36	57:40	N
		70	2:40											7	23	48	75:40	O
		80	2:40											12	23	57	90:40	Z
		90	2:40											12	30	64	109:40	Z
		100	2:40											15	37	72	127:40	Z
120	36.5	15	3:40													0	4:00	(*)
		20	3:40													2	6:00	H
		25	3:40													6	10:00	I
		30	3:40													14	18:00	J

续表

深度 ft	深度 m	水底停留时间 (min)	上升到第1停留站时间 (min:s)	39	36	33	30	27	24	21	18	15	12	9	6	3	上升总时间 (min:s)	反复潜水分组符号
120	36.5	40	3:20													25	34:00	L
		50	3:20												5	31	50:00	N
		60	3:00												15	45	73:00	O
		70	3:00											2	22	55	91:00	O
		80	3:00											9	23	63	109:00	Z
		90	3:00											15	27	74	134:00	Z
		100	3:00											19	37	80	152:00	Z
		120	2:40										10	23	45	98	178:00	**
		180	2:20									5	27	37	76	137	286:00	**
		240	2:20									23	35	60	97	179	398:00	**
		360	2:00								18	45	64	93	142	187	553:00	**
		480	1:40							3	41	64	93	122	142	187	656:00	**
		720	1:40							32	74	100	114	122	142	187	775:00	**
130	39.6	10														0	4:20	(*)
		15	4:00													1	5:20	F
		20	4:00													4	8:20	H
		25	4:00													10	14:20	J

续表

深度		水底停留时间(min)	上升到第1停留站时间(min:s)	各减压站深度(m)及停留时间(min)														上升总时间(min:s)	反复潜水分组符号
ft	m			39	36	33	30	27	24	21	18	15	12	9	6	3		
130	39.6	30	3:40												3	18	25:20	M
		40	3:40												10	25	39:20	N
		50	3:20											3	21	37	65:20	O
		60	3:20											9	23	52	88:20	Z
		70	3:20											16	24	61	105:20	Z
		80	3:00										3	19	35	72	133:20	Z
		90	3:00										8	19	45	80	156:20	Z
140	42.6	10	4:20													0	4:40	(*)
		15	4:20													2	6:40	G
		20	4:20												2	6	10:40	I
		25	4:00												5	14	20:40	J
		30	4:00											2	16	21	30:40	K
		40	3:40											6	24	26	48:40	N
		50	3:40										4	16	23	44	78:40	O
		60	3:40											19	32	56	99:40	Z
		70	3:20													68	127:40	Z

续表

深度		水底停留时间(min)	上升到第1停留站时间(min:s)	各减压站深度(m)及停留时间(min)													上升总时间(min:s)	反复潜水分组符号 Z
ft	m			39	36	33	30	27	24	21	18	15	12	9	6	3		
140	42.6	80	3:20										10	23	41	79	157:40	**
		90	3:00									2	14	18	42	88	168:40	**
		120	2:40									12	14	36	56	120	242:40	**
		180	2:20								10	26	32	54	94	168	388:40	**
		240	2:00							8	28	34	50	78	124	187	513:40	**
		360	2:00						9	32	42	64	84	122	142	187	686:40	**
		480	2:00						31	44	59	100	114	122	142	187	803:40	**
		720	1:40					16	56	88	97	100	114	122	142	187	926:40	**
150	45.7	5														0	5:00	C
		10	4:40													1	6:00	E
		15	4:40													3	8:00	G
		20	4:20												2	7	14:00	H
		25	4:20												4	17	26:00	K
		30	4:20												8	24	37:00	L
		40	4:00											5	19	33	62:00	N
		50	4:00											12	23	51	91:00	O

续表

深度		水底停留时间(min)	上升到第1停留站时间(min:s)	各减压站深度(m)及停留时间(min)														上升总时间(min:s)	反复潜水分组符号
ft	m			39	36	33	30	27	24	21	18	15	12	9	6	3		
150	45.7	60	3:40										3	19	26	62	115:00	Z
		70	3:40										11	19	39	75	149:00	Z
		80	3:20										17	19	50	84	176:00	Z
160	48.7	5														0	5:20	D
		10	5:00									1				1	6:20	F
		15	4:40												1	4	10:20	H
		20	4:40												3	11	19:20	J
		25	4:40											2	7	20	32:20	K
		30	4:20											7	11	25	43:20	M
		40	4:20										2	16	23	39	74:20	N
		50	4:00										9	19	23	55	101:20	Z
		60	4:00									1	17	22	33	69	135:20	Z
		70	3:40												44	80	169:20	**
170	51.8	5														0	5:40	D
		10	5:20												2	2	7:40	F
		15	5:00												2	5	12:40	H

续表

深度		水底停留时间(min)	上升到第1停留站时间(min:s)	各减压站深度(m)及停留时间(min)													上升总时间(min:s)	反复潜水分组符号
ft	m			39	36	33	30	27	24	21	18	15	12	9	6	3		
170	51.8	20	5:00													15	24:40	J
		25	4:40												4	23	37:40	L
		30	4:40											2	7	26	48:40	M
		40	4:20										1	4	13	45	84:40	O
		50	4:20										5	10	23	61	112:40	Z
		60	4:00									2	15	18	23	74	155:40	Z
		70	4:00								12	8	17	22	37	86	186:40	**
		90	3:40							10	12	12	14	19	51	120	249:40	**
		120	3:00						2	22	28	18	32	34	52	156	359:40	**
		180	2:40					4	10	30	42	34	50	42	82	187	538:40	**
		240	2:40				22	18	24	52	60	50	70	78	120	187	684:40	**
		360	2:20			14	40	34	40	91	97	98	114	116	142	187	876:40	**
		480	2:00					42	56			100	114	122	142	187	1010:40	**
180	54.8	5														0	6:00	D
		10	5:40													3	9:00	F
		15	5:20												3	6	15:00	I
		20	5:00											1	5	17	29:00	J

续表

深度 ft	深度 m	水底停留时间(min)	上升到第1停留站时间(min:s)	39	36	33	30	27	24	21	18	15	12	9	6	3	上升总时间(min:s)	反复潜水分组符号
180	54.8	25	5:00											3	10	24	43:00	L
		30	5:00											6	17	27	56:00	N
		40	4:40										3	14	23	50	96:00	O
		50	4:20									2	9	19	30	65	131:00	Z
		60	4:20									5	16	19	44	81	171:00	Z
190	57.9	5														0	6:20	D
		10	5:40											1	3	3	10:20	G
		15	5:40											4	4	7	17:20	I
		20	5:20											2	6	20	34:20	K
		25	5:20										1	5	11	25	47:20	M
		30	5:00										8	8	19	32	66:20	N
		40	5:00									4	13	14	23	55	106:20	O
		50	4:40									4	13	22	33	72	150:20	**
		60	4:40									10	17	19	50	84	186:20	**

表 4　美国海军空气潜水不减压极限时间和反复潜水分组符号（使用说明）

本表有三种用途：第一，深度 20 fsw（6.1 m）以浅，水底停留时间不受限制；第二，它归纳了不需要减压的所有深度和时间的组合；第三，它为每次不减压潜水提供了反复潜水分组符号。这种潜水员可不需要减压，但每次潜水后，在潜水员机体组织内仍然保留有一定量的多余氮气。所以，如果在 12 h 之内还要再次进行潜水，那么，在计算它的减压方案时，必须考虑这一残余的氮气。深度超过 25 fsw（7.6 m）时，任何水底停留时间超过不减压表中规定最大停留时间的潜水，均应按标准空气减压表选择减压方案。

在本表中列出的每个深度，均有一个相应的不减压极限，即潜水员在该深度停留而不需减压的最大水底停留时间，用 min 表示。在不减压极限纵行栏右侧的各纵行，是用以确定每次潜水后，必须为潜水员规定的反复潜水分组符号。在表中查找反复潜水分组符号的步骤如下：（1）依据的表中深度应等于或稍大于实际潜水的深度；（2）沿右侧横行查找水底停留时间，这一时间等于或稍大于实际潜水的停留时间；（3）沿该时间值纵行向上即可查得反复潜水分组符号。

举例：在制定一项潜水计划时，潜水长打算到 154 fsw 深度去实施一次短暂检查潜水。可以采用的、不需要停留减压的最大水底停留时间为多少？潜水后反复潜水分组符号是什么？

采用不减压表，步骤如下：（1）确定潜水深度栏，由于没有 154 fsw 栏，因此用较深的一栏，即 160 fsw 栏；（2）160 fsw 与不停留减压时间的交叉为 5 min。因此，必须在 5 min 内，完成下潜至 152 fsw、检查工作以及上升，这样才不需要停留减压；（3）查找反复潜水分组符号，沿 160 fsw 这一档的横行查到 5 min，在此时间的纵行顶端的字母为"D"，"D"即为它的反复潜水分组符号。

采用标准空气减压表，步骤如下：（1）确定潜水深度栏，由于没有 154 fsw 栏，因此用较深的一栏，即 160 fsw 栏；（2）沿水底停留时间为 5 min 这一栏的横向向右查对应的纵行，可见在减压停留站有"0"这一列，而对应反复潜水分组符号的一列为"D"，因此，"D"为它的反复潜水分组符号。

表 4 美国海军空气潜水不减压极限时间和反复潜水分组符号

深度		不减压极限时间(min)	反复潜水分组符号													
ft	m		A	B	C	D	E	F	G	H	I	J	K	L	M	N	O
10	3.0	不限	60	120	210	300	797	*									
15	4.6	不限	35	70	110	160	225	350	452	*							
20	6.1	不限	25	50	75	100	135	180	240	325	390						
25	7.6	595	20	35	55	75	100	125	160	195	245	315	361	540	595		
30	9.1	405	15	30	45	60	75	95	120	145	170	205	250	310	344	405	
35	10.6	310	5	15	25	40	50	60	80	100	120	140	160	190	220	270	310
40	12.2	200	5	15	25	30	40	50	70	80	100	110	130	150	170	200	
50	15.2	100		10	15	25	30	40	50	60	70	80	90	100			
60	18.2	60		10	15	20	25	30	40	50	55	60					
70	21.3	50		5	10	15	20	30	35	40	45	50					
80	24.4	40		5	10	15	20	25	30	35	40						
90	27.4	30		5	10	12	15	20	25	30							
100	30.5	25			7	10	15	20	22	25							
110	33.5	20			5	10	13	15	20								
120	36.6	15			5	10	12	15									
130	39.6	10				8	10										
140	42.7	10			5	7	10										
150	45.7	5			5												
160	48.8	5				5											
170	51.8	5				5											
180	54.8	5				5											
190	57.9	5				5											

* 在此深度水底停留时间继续增大,只需使用该分组符号

表5 美国海军空气反复潜水用的残余氮气时间表(使用说明)

潜水刚刚结束时,潜水员体内残余的氮气量,可用标准空气表或不减压表中为潜水员规定的反复潜水分组符号来表示。残余氮时间表的上半部分包括从 10 min 到 12 h 之间的不同间隔时间,用 h:min 来表示(如 2:21 表示 2 h 21 min)。每 1 间隔时间有两个限度,即最短时间(上限)和最长时间(下限)。

与反复潜水深度相应的残余氮气时间列在该表的下半部分确定反复潜水的残余氮气时间的步骤如下:(1)沿表上半部分的斜行线找到潜水员前 1 次潜水结束、水面间隔时间开始时的反复潜水分组符号;(2)沿该符号水平向右找出潜水员的水面间隔时间所在栏,潜水员在水面度过的时间必须处于所选间隔时间的上下限之间,或等于其中的一个限值;(3)垂直向下确定水面间隔结束时,新的反复潜水分组符号。这一符号反映此时潜水员体内的残余氮气水平;(4)沿此符号的同一纵行栏继续向下,找到表示反复潜水深度的那 1 横行,两者交叉点表示的时间就是这次反复潜水要采用的残余氮时间,以 min 表示。如果水面间隔少于 10 min,则残余氮气时间就是前 1 次潜水的水底停留时间。水面间隔 12 h 之后,潜水员体内的残余氮气已全部排出,因此,在水面间隔 12 h 之后所进行的潜水不再是反复潜水。

本表有 1 个例外,在某种情况下,当反复潜水的深度等于或大于前 1 次潜水深度时,残余氮气的时间可能比前 1 次潜水的实际水底停留时间还要长。在这种情况下,只要将前 1 次潜水的实际水底停留时间与反复潜水的实际水底停留时间相加,即可作为相当的单次潜水时间。

举例:某次反复潜水计划潜水深度 98 fsw,水底停留时间 15 min,潜水员前次潜水深度 100 fsw、水底停留时间 48 min,水面间隔时间 6 h 26 min,请确定该次潜水的减压方案。

方法为:(1)从标准空气减压表的 110/50 方案中查找前次潜水残余氮时间,从水底停留时间 50 min 档横行找到反复潜水分组符号为"M";(2)使用空气反复潜水残余氮时间表;(3)从残余氮时间表斜行部分找到"M";(4)从该横行水平向右找出 6 h26 min 所属时间段,为 6:19/9:28;(5)从 6:19/9:28 栏垂直向下,直至与反复潜水深度 100 fsw 的横行交叉,该交叉点数值即为本次反复潜水残余氮时间,为 7 min;(6)将残余氮时间 7 min 加入本次潜水水底停留时间,得等价单次潜水水底停留时间为 22 min;(7)潜水员将以 100/22 方案减压。

表 5　美国海军空气反复潜水用的残余氮气时间表

** 在水面间隔超过 12h 之后所进行的潜水不是反复潜水，对这类潜水可采用标准空气减压表中的实际水底停留时间来计算减压。** 若无残余氮时间给出，则反复分组不变。† 垂直向下至 40/12.2（fsw/m）反复潜水深度，使用对应的残余氮时间（min）计算当量单次潜水时间，并使用标准空气减压表的 40/12.2（fsw/m）方案减压。

反复潜水分组		水面间隔开始时的反复潜水分组									
A		0:10									
		12:00*									
B		0:10	3:21								
		3:20	12:00*								
C		0:10	1:40	4:50							
		1:39	4:49	12:00*							
D		0:10	1:10	2:39	5:49						
		1:09	2:38	5:48	12:00*						
E		0:10	0:55	1:58	3:25	6:35					
		0:54	1:57	3:24	6:34	12:00*					
F		0:10	0:46	1:30	2:29	3:58	7:06				
		0:45	1:29	2:28	3:57	7:05	12:00*				
G		0:10	0:41	1:16	2:00	2:59	4:26	7:36			
		0:40	1:15	1:59	2:58	4:25	7:35	12:00*			
H		0:10	0:37	1:07	1:42	1:24	3:21	4:50	8:00		
		0:36	1:06	1:41	2:23	3:20	4:49	7:59	12:00*		
I		0:10	0:34	1:00	1:30	2:03	2:45	3:44	5:13	8:22	
		0:33	0:59	1:29	2:02	2:44	3:43	5:12	8:21	12:00*	
J		0:10	0:32	0:55	1:20	1:48	2:21	3:05	4:03	5:41	8:51
		0:31	0:54	1:19	1:47	2:20	3:04	4:02	5:40	8:50	12:00*
K		0:10	0:29	0:50	1:12	1:36	2:04	2:39	3:22	4:20	5:49	8:59
		0:28	0:49	1:11	1:35	2:03	2:38	3:21	4:19	5:48	8:58	12:00*
L		0:10	0:27	0:46	1:05	1:26	1:50	2:20	2:54	3:37	4:36	6:03	9:13
		0:26	0:45	1:04	1:25	1:49	2:19	2:53	3:36	4:35	6:02	9:12	12:00*
M		0:10	0:26	0:43	1:00	1:19	1:36	2:06	2:35	3:09	3:53	4:50	6:19	9:29
		0:25	0:42	0:59	1:18	1:35	2:05	2:34	3:08	3:52	4:49	6:18	9:28	12:00*
N		0:10	0:25	0:40	0:55	1:12	1:31	1:54	2:19	2:48	3:23	4:05	5:04	6:33	9:44
		0:24	0:39	0:54	1:11	1:30	1:53	2:18	2:47	3:22	4:04	5:03	6:32	9:43	12:00*

续表

水面间隔结束时新的反复潜水分组	O														
		0:10	0:24	0:37	0:52	1:08	1:25	1:44	2:05	2:30	3:00	3:34	4:18	5:17	6:45	9:55
		0:23	0:36	0:51	1:07	1:24	1:43	2:04	2:29	2:59	3:33	4:17	5:16	6:44	9:54	12:00*
		0:10	0:23	0:35	0:49	1:03	1:19	1:37	1:56	2:18	2:43	3:11	3:46	4:30	5:28	6:57	10:06
		0:22	0:34	0:48	1:02	1:18	1:36	1:55	2:17	2:42	3:10	3:45	4:29	5:27	6:56	10:05	12:00*
符号→	Z	O	N	M	L	K	J	I	H	G	F	E	D	C	B	A
反复潜水深度 ft m	↓	↓	↓	↓	↓	↓	↓	↓	↓	↓	↓	↓	↓	↓	↓	↓
10 3.0	**	**	**	**	**	**	**	**	**	797	279	159	88	39
20 6.1	**	**	**	**	**	917	399	279	208	159	120	88	62	39	18
30 9.1	†	†	†	349	279	229	190	159	132	109	88	70	54	39	25	12
40 12.2	257	241	213	187	161	138	116	101	87	73	61	49	37	25	17	7
50 15.2	169	160	142	124	111	99	87	76	66	56	47	38	29	21	13	6
60 18.2	122	117	107	97	88	79	70	61	52	44	36	30	24	17	11	5
70 21.3	100	96	87	80	72	64	57	50	43	37	31	26	20	15	9	4
80 24.4	84	80	73	68	61	54	48	43	38	32	28	23	18	13	8	4
90 27.4	73	70	64	58	53	47	43	38	33	29	24	20	16	11	7	3
100 30.5	64	62	57	52	48	43	38	34	30	26	22	18	14	10	7	3
110 33.5	57	55	51	47	42	38	34	31	27	24	20	16	13	10	6	3
120 36.6	52	50	46	43	39	35	32	28	25	22	18	15	12	9	6	3
130 39.6	46	44	40	38	35	31	28	25	22	19	16	13	11	8	6	3
140 42.7	42	40	38	35	32	29	26	23	20	18	15	12	10	7	5	2
150 45.7	40	38	35	32	30	27	24	22	19	17	14	12	9	7	5	2
160 48.8	37	36	33	31	28	26	23	20	18	16	13	11	9	6	4	2
170 51.8	35	34	31	29	26	24	22	19	17	15	12	10	8	6	4	2
180 54.8	32	31	29	27	25	22	20	18	16	14	11	10	8	6	4	2
190 57.9	31	30	28	26	24	21	19	17	15	13	10	10	8	6	4	2

残余氮气时间(min)

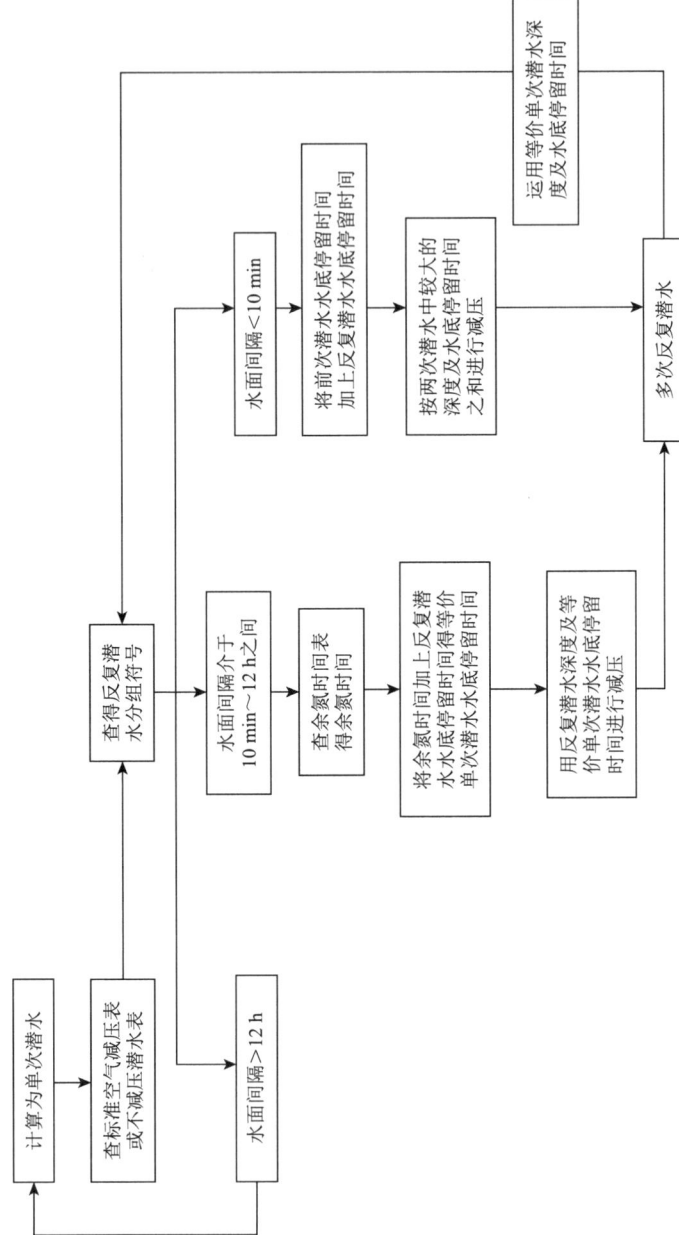

空气反复潜水导示图

表6 "7713"工程空气潜水水面吸氧减压表
——打捞沉船"阿波丸"工程减压表(使用说明)

1. 各站间移行时间均为 1 min,该时间未记入减压总时间内。
2. 舱内 9 m 停留站如出现分数,其分子为吸空气时间,分母为吸氧时间。
3. 本表的水下减压部分实际上为前苏海军(1958)表,舱内部分自拟。
4. 本表适用于大深度、重劳动强度、复杂水文气象条件下的连续潜水作业。
5. 在"7713 工程"的 4 年中主要采用本表实施减压。4 年中共实施潜水 13 604 人次,发生轻型减压病 80 例,减压病的发病率为 0.59%。本表的实际发病率应低于此数,因工程初期曾试用多种减压表,减压病发病数较高,这 80 例也包括这些不是使用本表发生的病例在内。

表 6 48～72 m 空气潜水水面吸氧减压表（"7713 工程"——1977～1980 年打捞沉船"阿波丸"工程减压表）

潜水深度(m)	水下工作时间(min)	上升至第一停留站时间(min)	水下各减压站深度(m)及停留时间(min)											水面间隔时间(min)	舱内各减压站深度(m)及停留时间(min)						减压总时间(min)
			39	36	33	30	27	24	21	18	15	12		18	15	12	9	6	3	
48	20	6											6	10	5	5	5	5	5	41
48	25	5										6	6	10	10	8	5	5	5	54
48	35	5									6	15	6	10	10	23	5	5	5	84
48	45	4							4	12	15	19	6	10	10	29	10	5	5	123
48	60	3						8	12	16	18	21	6	10	10	29	5/20	5	5	162
48	80	3					11	13	16	19	21	23	6	10	10	39	5/35	5	5	215
51	20	6										5	6	10	7	5	5	5	5	48
51	25	6										10	6	10	10	10	5	5	5	61
51	35	5									12	19	6	10	10	21	10	5	5	97
51	45	4							10	13	14	22	6	10	10	26	20	5	5	139
51	60	3						12	14	17	21	24	6	10	10	32	5/25	5	5	193
51	80	3				12	14	15	18	21	24	29	6	10	10	41	5/35	10	10	257
54	20	6										7	6	10	9	5	5	5	5	52
54	25	6									4	11	6	10	10	12	5	5	5	68
54	35	5								11	14	17	6	10	10	25	15	5	5	117
54	45	4						8	12	17	19	22	6	10	10	30	5/20	5	5	167
54	60	4				6	12	14	16	20	23	27	6	10	10	40	5/30	5	5	227
54	80	3			12	13	16	17	20	24	29	35	6	10	10	45	5/45	10	10	304

续表

潜水深度(m)	水下工作时间(min)	上升至第一停留站时间(min)	水下各减压站深度(m)及停留时间(min)										水面间隔时间(min)	舱内各减压站深度(m)及停留时间(min)						减压总时间(min)
			39	36	33	30	27	24	21	18	15	12		18	15	12	9	6	3	
57	20	6										10	6	10	10	6	5	5	5	57
	25	5									9	12		10	10	14	5	5	5	75
	35	5							8	13	15	18		10	10	26	20	5	5	135
	45	4						12	14	18	21	26		10	10	35	5/25	5	5	197
	60	4				12	7	16	18	21	27	32		10	10	40	5/30	10	10	259
	80	3			14	15	17	18	23	28	34	42		10	10	55	5/50	10	10	344
60	20	6										10	6	10	10	8	5	5	5	63
	25	6									4	10	14		10	10	16	5	5	5	85
	35	5							12	15	16	19		10	10	30	5/20	5	5	152
	45	5					12	14	18	20	24	29		10	10	35	5/30	5	5	222
	60	4			12	14	16	18	20	24	29	36		10	10	42	5/40	10	10	300
	80	4		13	15	16	17	19	26	32	39	49		10	10	60	5/60	10	10	395
63	20	7									6	10	6	10	10	10	5	5	5	68
	25	6								11	13	15		10	10	19	5	5	5	99
	35	6						9	13	16	18	22		10	10	34	5/25	5	5	178
	45	5				12	14	15	19	22	27	33		10	10	38	5/30	5	5	260
	60	4		11	14	15	17	18	22	29	32	41		10	10	49	5/45	10	10	342
	80	3	12	14	16	17	18	21	28	35	44	56		10	10	71	5/65	10	10	445

续表

潜水深度(m)	水下工作时间(min)	上升至第一停留站时间(min)	水下各减压站深度(m)及停留时间(min)											水面间隔时间(min)	舱内各减压站深度(m)及停留时间(min)						减压总时间(min)
			39	36	33	30	27	24	21	18	15	12		18	15	12	9	6	3	
66	20	7								3	7	12	6	10	10	12	5	5	5	76
	25	6							4	12	14	17		10	10	18	5	5	5	111
	35	6					6	10	14	16	19	24		10	10	37	5/30	5	5	197
	45	5			9	13	15	18	20	24	29	37		10	10	38	5/35	10	10	288
	60	4	11	13	15	16	18	20	25	35	42	51		10	10	52	5/50	10	10	397
69	20	7								8	10	14	6	10	10	10	9	5	5	88
	25	7							6	13	14	16		10	10	20	13	5	10	123
	35	6					10	12	14	17	21	27		10	10	40	5/30	10	10	217
	45	5				10	15	18	21	26	32	46		10	10	52	5/45	10	10	315
	60	4	14	16	17	18	19	21	29	39	47	55		10	10	61	5/60	10	10	445
72	20	7								8	10	15	6	10	10	12	10	5	5	95
	25	7						5	11	13	16	21		10	10	25	15	5	5	143
	35	6				11	12	14	16	19	23	30		10	10	45	5/30	10	10	251
	45	5		13	15	16	17	19	22	28	35	46		10	10	54	5/50	10	10	365

表7 海军医学研究所60~400 Kpa隧道高气压作业减压表

压力 (kgf/cm²)	高压暴露时间 (h)	上升到第一停留站时间 (min)	各停留站压力(kgf/cm²)及停留时间(min)							减压总时间 (min)	高压暴露总时间	
			2.4	2.1	1.8	1.5	1.2	0.9	0.6	0.3		h	min
0.6~1.2	6										6~12	6	6~12
1.2~1.5	1										12~15	1	12~15
	2	4								10	17	2	17
	3	4								15	22	3	22
	4	3							10	10	29	4	29
	5	3							10	15	34	5	34
	6	3							10	20	39	6	39
1.5~1.8	1	5							10	10	18	1	18
	2	4							5	10	25	2	25
	3	4							10	15	35	3	35
	4	3						10	10	20	52	4	52
	5	3						10	15	25	62	6	2
1.8~2.1	1	6								15	24	1	24
	2	4						5	10	20	48	2	48
	3	3				5	10	15	25	70	4	10
	4	3				10	15	20	30	90	5	30
	5	3				10	15	30	40	110	6	50
2.1~2.4	1	6						10	15	37	1	37
	2	5					10	20	25	69	3	9
	3	3			5	10	15	25	40	113	4	53
	4	3			5	15	25	30	45	138	6	18
2.4~2.7	1	6					5	10	15	45	1	45
	2	4			5	10	15	25	30	104	3	44
	3	4			10	15	20	35	45	144	5	24
2.7~3.0	1	7					5	15	25	61	2	1
	2	5			5	10	20	30	45	130	4	10
	3	4		5	15	20	30	40	60	192	6	12
3.0~3.3	1	7				5	10	15	25	74	2	14
	2	5		5	10	15	25	35	50	163	4	43

续表

压力 (kgf/cm²)	高压暴露时间 (h)	上升到第一停留站时间 (min)	各停留站压力(kgf/cm²)及停留时间(min)								减压总时间 (min)	高压暴露总时间	
			2.4	2.1	1.8	1.5	1.2	0.9	0.6	0.3		h	min
3.3～3.6	1	8					5	15	20	25	85	2	25
	2	5		5	10	15	20	30	40	50	196	5	16
3.6～4.0	1	8				10	15	20	25	30	123	3	3
	2	5	5	10	15	20	30	40	50	60	259	6	19

注：各站间的移行时间为 3 min，已计入减压总时间内，如无第一停留站时的上升速率为每分钟 0.1 kgf/cm²。

本表由海军医学研究所、上海市隧道公司和基础公司于 1966 年共同制定，减压表的压力范围为 0.6～4.0 Kgf/cm²，计有 10 个作业深度、33 个减压方案。本减压表首先在加压舱内做了模拟实验 174 人次，发生轻型减压病 4 例，减压病发病率为 2.29%，然后于 1967～1969 年在上海市第一条越江（黄浦江）隧道工程高气压作业中试用，隧道内施工压力范围为 1.2～1.8 kgf/cm²，高气压作业计 43 950 人次，其中有轻型减压病 18 例，减压病发病率为 0.04%。

表8 海拔高度与大气压力表

海拔高度 （m）	大气压（mmHg）		各海拔高度大气压 与海平面压力比	海平面压力 与各海拔高度大气压比
	0 ℃	20 ℃		
0	760.00	762.76	1.00	1.00
50	755.50	758.25	1.00	1.005 9
100	751.03	753.76	0.99	1.011 9
200	742.14	744.84	0.98	1.024 1
300	733.34	736.01	0.97	1.036 3
400	724.62	727.26	0.96	1.048 8
500	715.99	718.59	0.95	1.061 5
600	707.44	710.02	0.93	1.074 3
700	698.98	701.52	0.92	1.087 3
800	690.59	693.10	0.91	1.100 5
900	682.29	684.77	0.90	1.113 9
1 000	674.07	676.52	0.89	1.127 5
1 100	665.93	668.35	0.88	1.141 3
1 200	657.87	660.26	0.87	1.155 2
1 300	649.89	652.25	0.86	1.169 4
1 400	641.98	644.32	0.85	1.183 8
1 500	634.16	636.46	0.84	1.198 4
1 600	626.41	628.69	0.83	1.213 3
1 700	618.74	620.99	0.82	1.228 3
1 800	611.15	613.37	0.81	1.243 6
1 900	603.63	605.82	0.80	1.259 0
2 000	596.18	598.35	0.79	1.274 8
2 100	588.81	590.95	0.78	1.290 7
2 200	581.52	583.63	0.77	1.306 9
2 300	574.30	576.38	0.76	1.323 4
2 400	567.15	569.21	0.75	1.340 0
2 500	560.07	562.11	0.74	1.357 0
2 600	553.06	555.07	0.73	1.374 2
2 700	546.13	548.11	0.72	1.391 6
2 800	539.27	541.23	0.71	1.409 3

续表

海拔高度（m）	大气压（mmHg）		各海拔高度大气压与海平面压力比	海平面压力与各海拔高度大气压比
	0 ℃	20 ℃		
2 900	532.47	534.41	0.70	1.427 3
3 000	525.75	527.66	0.69	1.445 6
3 100	519.09	520.98	0.69	1.464 1
3 200	512.51	514.37	0.68	1.482 9
3 300	505.99	507.83	0.67	1.502 0
3 400	499.54	501.35	0.66	1.521 4
3 500	493.15	494.94	0.65	1.541 1
3 600	486.83	488.60	0.64	1.56
3 700	480.58	482.33	0.63	1.58
3 800	474.39	476.12	0.63	1.60
3 900	468.27	469.97	0.62	1.62
4 000	462.21	463.89	0.61	1.64
4 100	456.21	457.87	0.60	1.66
4 200	450.28	451.92	0.59	1.68
4 300	444.41	446.03	0.59	1.70
4 400	438.60	440.20	0.58	1.73
4 500	432.86	434.43	0.57	1.75

表 9　不同海拔高度潜水深度换算表

不同海拔高度潜水深度换算表（100 m～1 500 m）

潜水深度(m)	海拔高度与换算后海平面等价深度(m)														
	100	200	300	400	500	600	700	800	900	1 000	1 100	1 200	1 300	1 400	1 500
1	1.0	1.0	1.0	1.1	1.1	1.1	1.1	1.1	1.1	1.1	1.1	1.2	1.2	1.2	1.2
2	2.0	2.0	2.1	2.1	2.1	2.1	2.2	2.2	2.2	2.3	2.3	2.3	2.3	2.4	2.4
3	3.0	3.1	3.1	3.1	3.2	3.2	3.3	3.3	3.3	3.4	3.4	3.5	3.5	3.5	3.6
4	4.0	4.1	4.2	4.2	4.2	4.3	4.3	4.4	4.5	4.5	4.6	4.6	4.7	4.7	4.8
5	5.1	5.1	5.2	5.2	5.3	5.4	5.4	5.5	5.6	5.6	5.7	5.8	5.8	5.8	6.0
6	6.1	6.1	6.2	6.3	6.4	6.4	6.5	6.6	6.7	6.8	6.8	6.9	7.0	7.0	7.2
7	7.1	7.2	7.3	7.3	7.4	7.5	7.6	7.7	7.8	7.9	8.0	8.1	8.2	8.2	8.4
8	8.1	8.2	8.3	8.4	8.5	8.6	8.7	8.8	8.9	9.0	9.1	9.2	9.4	9.4	9.6
9	9.1	9.2	9.3	9.4	9.6	9.7	9.8	9.9	10.0	10.1	10.3	10.4	10.5	10.5	10.8
10	10.1	10.2	10.4	10.5	10.6	10.7	10.9	11.0	11.1	11.3	11.4	11.6	11.7	11.7	12.0
11	11.1	11.3	11.4	11.5	11.7	11.8	12.0	12.1	12.3	12.4	12.6	12.7	12.9	12.9	13.2
12	12.1	12.3	12.4	12.6	12.7	12.9	13.0	13.2	13.4	13.5	13.7	13.9	14.0	14.0	14.4
13	13.1	13.3	13.5	13.6	13.8	14.0	14.1	13.2	14.5	14.7	14.8	15.0	15.2	15.2	15.6
14	14.2	14.3	14.5	14.7	14.9	15.0	15.2	15.4	15.6	15.8	16.0	16.2	16.4	16.4	16.8
15	15.2	15.4	15.5	15.7	15.9	16.1	16.3	16.5	16.7	16.9	17.1	17.3	17.5	17.5	18.0
16	16.2	16.4	16.6	16.8	17.0	17.2	17.4	17.6	17.8	18.0	18.3	18.5	18.7	18.7	19.2
17	17.2	17.4	17.6	17.8	18.0	18.3	18.5	18.7	18.9	19.2	19.4	19.6	19.9	19.9	20.4

续表

不同海拔高度潜水深度换算表（100 m～1 500 m）

潜水深度(m)	海拔高度与换算后海平面等价深度(m)														
	100	200	300	400	500	600	700	800	900	1 000	1 100	1 200	1 300	1 400	1 500
18	18.2	18.4	18.7	18.9	19.1	19.3	19.6	19.8	20.1	20.3	20.5	20.8	21.0	21.0	21.6
19	19.2	19.5	19.7	19.9	20.2	20.4	20.7	20.9	21.2	21.4	21.7	21.9	22.2	22.2	22.8
20	20.2	20.5	20.7	21.0	21.2	21.5	21.7	22.0	22.3	22.5	22.8	23.1	23.4	23.4	24.0
21	21.3	21.5	21.8	22.0	22.3	22.6	22.9	23.1	23.4	23.7	24.0	24.3	24.6	24.6	25.2
22	22.3	22.5	22.8	23.1	23.4	23.6	23.9	24.2	24.5	24.8	25.1	25.4	25.7	25.7	26.4
23	23.3	23.6	23.8	24.1	24.4	24.7	25.0	25.3	25.6	25.9	26.2	26.6	26.9	26.9	27.6
24	24.3	24.6	24.9	25.2	25.5	25.8	26.1	26.4	26.7	27.1	27.4	27.7	28.1	28.1	28.8
25	25.3	25.6	25.9	26.2	26.5	26.9	27.2	27.5	27.8	28.2	28.5	28.9	29.2	29.2	30.0
26	26.3	26.6	26.9	27.3	27.6	27.9	28.3	28.6	29.0	29.3	29.7	30.0	30.4	30.4	31.2
27	27.3	27.6	28.0	28.3	28.7	29.0	29.4	29.7	30.0	30.4	30.8	31.2	31.6	31.6	32.4
28	28.3	28.7	29.0	29.4	29.7	30.1	30.4	30.8	31.2	31.6	32.0	32.3	32.7	32.7	33.6
29	29.3	29.7	30.1	30.4	30.8	31.2	31.5	31.9	32.3	32.7	33.1	33.5	33.9	33.9	34.8
30	30.4	30.7	31.1	31.5	31.8	32.2	32.6	33.0	33.4	33.8	34.2	34.7	35.1	35.1	36.0
31	31.4	31.7	32.1	32.5	32.8	33.3	33.7	34.1	34.5	35.0	35.3	35.8	36.3	36.3	37.2
32	32.4	32.8	33.2	33.6	34.0	34.4	34.8	35.2	35.6	36.1	36.5	37.0	37.4	37.4	38.3
33	33.4	33.8	34.2	34.6	35.0	35.5	35.9	36.3	36.8	37.5	37.7	38.1	38.6	38.6	39.5
34	34.4	34.8	35.2	35.7	36.1	36.5	37.0	37.4	37.9	38.3	38.8	39.3	39.8	39.8	40.7
35	35.4	35.8	36.3	36.7	37.2	37.6	38.1	38.5	39.0	39.5	39.9	40.4	40.9	40.9	41.9

续表

不同海拔高度潜水深度换算表（100 m～1 500 m）

潜水深度(m)	海拔高度与换算后海平面等价深度(m)														
	100	200	300	400	500	600	700	800	900	1 000	1 100	1 200	1 300	1 400	1 500
36	36.4	36.9	37.3	37.8	38.2	38.7	39.1	39.6	40.1	40.6	41.1	41.6	42.1	42.1	43.1
37	37.4	37.9	38.3	38.8	39.3	39.7	40.2	40.7	41.2	41.7	42.2	42.7	43.3	43.3	44.3
38	38.5	38.9	39.4	39.9	40.3	40.8	41.3	41.8	42.3	42.8	43.4	43.9	44.4	44.4	45.5
39	39.5	39.9	40.4	40.9	41.4	41.9	42.4	42.9	43.4	44.0	44.5	45.1	45.6	45.6	46.7
40	40.5	41.0	41.5	42.0	42.5	43.0	43.5	44.0	44.6	45.1	45.6	46.2	46.8	46.8	47.9
41	41.5	42.0	42.5	43.0	43.5	44.0	44.6	45.1	45.7	46.2	46.8	47.4	47.9	47.9	49.1
42	42.5	43.0	43.5	44.1	44.6	45.1	45.7	46.2	46.8	47.4	47.9	48.5	49.1	49.1	50.3
43	43.5	44.0	44.6	45.1	45.6	46.2	46.8	47.3	47.9	48.5	49.1	49.7	50.3	50.3	51.5
44	44.5	45.1	45.6	46.2	46.7	47.3	47.8	48.4	49.0	49.6	50.2	50.8	51.5	51.5	52.7
45	45.5	46.1	46.6	47.2	47.8	48.3	48.9	49.5	50.1	50.7	51.4	52.0	52.6	52.6	53.9
46	46.5	47.1	47.7	48.3	48.8	49.4	50.0	50.6	51.2	51.9	52.5	53.1	53.8	53.8	55.1
47	47.6	48.1	48.7	49.3	49.9	50.5	51.1	51.7	52.4	53.0	53.6	54.3	55.0	55.0	56.3
48	48.6	49.2	49.7	50.4	51.0	51.6	52.2	52.8	53.5	54.1	54.8	55.5	56.1	56.1	57.5
49	49.6	50.2	50.8	51.4	52.0	52.6	53.3	53.9	54.6	55.2	55.9	56.6	57.3	57.3	58.7

续表

不同海拔高度潜水深度换算表（100 m～1 500 m）

海拔高度与换算后海平面等价深度（m）

潜水深度（m）	100	200	300	400	500	600	700	800	900	1 000	1 100	1 200	1 300	1 400	1 500
50	50.6	51.2	51.8	52.5	53.1	53.7	54.4	55.0	55.7	56.4	57.1	57.8	58.5	58.5	59.9
51	51.6	52.2	52.9	53.5	54.1	54.8	55.5	56.1	56.8	57.5	58.2	58.9	59.6	59.6	61.1
52	52.6	53.3	53.9	54.6	55.2	55.9	56.5	57.2	57.9	58.6	59.3	60.1	60.8	60.8	62.3
53	53.6	54.3	54.9	55.6	56.3	56.9	57.6	58.3	59.0	59.8	60.5	61.2	62.0	62.0	63.5
54	54.6	55.3	56.0	56.7	57.3	58.0	58.7	59.4	60.2	60.9	61.6	62.4	63.1	63.1	64.7
55	55.7	56.3	57.0	57.7	58.4	59.1	59.8	60.5	61.3	62.0	62.8	63.5	64.3	64.3	65.9
56	56.7	57.3	58.0	58.8	59.4	60.2	60.9	61.6	62.4	63.1	63.9	64.7	65.5	65.5	67.1
57	57.7	58.4	59.1	59.8	60.5	61.2	62.0	62.7	63.5	64.3	65.0	65.8	66.7	66.7	68.3
58	58.7	59.4	60.1	60.9	61.6	62.3	63.1	63.8	64.6	65.4	66.2	67.0	67.8	67.8	69.5
59	59.7	60.4	61.1	61.9	62.6	63.4	64.2	64.9	65.7	66.5	67.3	68.2	69.0	69.0	70.7
60	60.7	61.4	62.2	62.9	63.7	64.5	65.2	66.0	66.8	67.6	68.5	69.3	70.2	70.2	71.9

不同海拔高度潜水深度换算表（1 600 m～3 000 m）

海拔高度与换算后海平面等价深度（m）

潜水深度（m）	1 600	1 700	1 800	1 900	2 000	2 100	2 200	2 300	2 400	2 500	2 600	2 700	2 800	2 900	3 000
1	1.2	1.2	1.2	1.3	1.3	1.3	1.3	1.3	1.3	1.4	1.4	1.4	1.4	1.4	1.4
2	2.4	2.5	2.5	2.5	2.5	2.6	2.6	2.6	2.7	2.7	2.7	2.8	2.8	2.9	2.9
3	3.6	3.7	3.7	3.8	3.8	3.9	3.9	4.0	4.0	4.1	4.1	4.2	4.2	4.3	4.3
4	4.9	4.9	5.0	5.0	5.1	5.2	5.2	5.3	5.4	5.4	5.5	5.6	5.6	5.7	5.8

续表

不同海拔高度潜水深度换算表（1 600 m～3 000 m）

海拔高度与换算后海平面等价深度（m）

潜水深度(m)	1 600	1 700	1 800	1 900	2 000	2 100	2 200	2 300	2 400	2 500	2 600	2 700	2 800	2 900	3 000
5	6.1	6.1	6.2	6.3	6.4	6.5	6.5	6.6	6.7	6.8	6.9	7.0	7.0	7.1	7.2
6	7.3	7.4	7.5	7.6	7.6	7.7	7.8	7.9	8.0	8.1	8.2	8.3	8.5	8.6	8.7
7	8.5	8.6	8.7	8.8	8.9	9.0	9.1	9.3	9.4	9.5	9.6	9.7	9.9	10.0	10.1
8	9.7	9.8	9.9	10.1	10.2	10.3	10.5	10.6	10.7	10.9	11.0	11.1	11.3	11.4	11.6
9	10.9	11.1	11.2	11.3	11.5	11.6	11.8	11.9	12.1	12.2	12.4	12.5	12.7	12.8	13.0
10	12.1	12.3	12.4	12.6	12.7	12.9	13.1	13.2	13.4	13.6	13.7	13.9	14.1	14.3	14.5
11	13.3	13.5	13.7	13.8	14.0	14.2	14.3	14.6	14.7	14.9	15.1	15.3	15.5	15.7	15.9
12	14.6	14.7	14.9	15.1	15.3	15.5	15.7	15.9	16.1	16.3	16.5	16.7	16.9	17.1	17.3
13	15.8	16.0	16.2	16.4	16.6	16.8	17.0	17.2	17.4	17.6	17.9	18.1	18.3	18.6	18.8
14	17.0	17.2	17.4	17.6	17.8	18.1	18.3	18.5	18.8	19.0	19.2	19.5	19.7	20.0	20.2
15	18.2	18.4	18.7	18.9	19.1	19.4	19.6	19.9	20.1	20.4	20.6	20.9	21.1	21.4	21.7
16	19.4	19.7	19.9	20.1	20.4	20.7	20.9	21.2	21.4	21.7	22.0	22.3	22.5	22.8	23.1
17	20.6	20.9	21.1	21.4	21.7	21.9	22.2	22.5	22.8	23.1	23.4	23.7	24.0	24.3	24.6
18	21.8	22.1	22.4	22.7	22.9	23.2	23.5	23.8	24.1	24.4	24.7	25.0	25.4	25.7	26.0
19	23.1	23.3	23.6	23.9	24.2	24.5	24.8	25.1	25.5	25.8	26.1	26.4	26.8	27.1	27.5
20	24.3	24.6	24.9	25.2	25.5	25.8	26.1	26.5	26.8	27.1	27.5	27.8	28.2	28.5	28.9
21	25.5	25.8	26.1	26.4	26.8	27.1	27.4	27.8	28.1	28.5	28.9	29.2	29.6	30.0	30.4
22	26.7	27.0	27.4	27.5	28.0	28.4	28.8	29.1	29.5	29.9	30.2	30.6	31.0	31.4	31.9
23	27.9	28.3	28.6	29.0	29.3	29.7	30.1	30.4	30.8	31.2	31.6	32.0	32.4	32.8	33.2
24	29.1	29.5	29.8	30.2	30.6	31.0	31.4	31.8	32.2	32.6	33.0	33.4	33.8	34.3	34.7
25	30.3	30.7	31.1	31.5	31.9	32.3	32.7	33.1	33.5	33.9	34.4	34.8	35.2	35.7	36.1

续表

不同海拔高度潜水深度换算表（1 600 m～3 000 m）
海拔高度与换算后海平面等价深度（m）

潜水深度(m)	1 600	1 700	1 800	1 900	2 000	2 100	2 200	2 300	2 400	2 500	2 600	2 700	2 800	2 900	3 000
26	31.5	31.9	32.3	32.7	33.1	33.6	34.0	34.4	34.8	35.3	35.7	36.2	36.6	37.1	37.6
27	32.8	33.2	33.6	34.0	34.4	34.8	35.3	35.7	36.2	36.6	37.1	37.6	38.1	38.5	39.0
28	34.0	34.4	34.8	35.3	35.7	36.1	36.6	37.1	37.5	38.0	38.5	39.0	39.5	40.0	40.5
29	35.2	35.6	36.1	36.5	37.0	37.4	37.9	38.4	38.9	39.4	39.9	40.4	40.9	41.4	41.9
30	36.4	36.8	37.3	37.8	38.2	38.7	39.2	39.7	40.2	40.7	41.2	41.7	42.3	42.8	43.4
31	37.6	38.1	38.6	39.0	39.5	40.0	40.5	41.0	41.5	42.1	42.6	43.1	43.7	44.2	44.8
32	38.8	39.3	39.8	40.3	40.8	41.3	41.8	42.3	42.9	43.4	44.0	44.5	45.1	45.7	46.3
33	40.0	40.5	41.0	41.5	42.1	42.6	43.1	43.7	44.2	44.8	45.3	45.9	46.5	47.1	47.7
34	41.3	41.8	42.3	42.8	43.3	43.9	44.4	45.0	45.6	46.1	46.7	47.3	47.9	48.5	49.1
35	42.5	43.0	43.5	44.1	44.6	45.2	45.7	46.3	46.9	47.5	48.1	48.7	49.3	50.0	50.6
36	43.7	44.2	44.8	45.3	45.9	46.5	47.0	47.6	48.2	48.9	49.5	50.1	50.7	51.4	52.0
37	44.9	45.4	46.0	46.6	47.2	47.8	48.4	49.0	49.6	50.2	50.8	51.5	52.1	52.8	53.5
38	46.1	46.7	47.3	47.8	48.4	49.0	49.7	50.3	50.9	51.6	52.2	52.9	53.6	54.2	54.9
39	47.3	47.9	48.5	49.1	49.7	50.3	51.0	51.6	52.3	52.9	53.6	54.3	55.0	55.7	56.4
40	48.5	49.1	49.7	50.4	51.0	51.6	52.3	52.9	53.6	54.3	55.0	55.7	56.4	57.1	57.8
41	49.7	50.4	51.0	51.6	52.3	52.9	53.6	54.3	54.9	55.6	56.3	57.1	57.8	58.5	59.3
42	51.0	51.6	52.2	52.9	53.5	54.2	54.9	55.6	56.3	57.0	57.7	58.4	59.2	59.9	60.7
43	52.2	52.8	53.5	54.1	54.8	55.5	56.2	56.9	57.6	58.3	59.1	59.8	60.6	61.4	62.2
44	53.4	54.0	54.7	55.4	56.1	56.8	57.5	58.2	59.0	59.7	60.5	61.2	62.0	62.8	63.6
45	54.6	55.3	56.0	56.7	57.4	58.1	58.8	59.6	60.3	61.1	61.8	62.6	63.4	64.2	65.0
46	55.8	56.5	57.2	57.9	58.6	59.4	60.1	60.9	61.6	62.4	63.2	64.0	64.8	65.7	66.5

续表

不同海拔高度潜水深度换算表(1 600 m ~ 3 000 m)

潜水深度(m)	海拔高度与换算后海平面等价深度(m)														
	1 600	1 700	1 800	1 900	2 000	2 100	2 200	2 300	2 400	2 500	2 600	2 700	2 800	2 900	3 000
47	57.0	57.7	58.4	59.2	59.9	60.7	61.4	62.2	63.0	63.8	64.6	65.4	66.2	67.1	67.9
48	58.2	59.0	59.7	60.4	61.2	62.0	62.7	63.5	64.3	65.1	66.0	66.8	67.6	68.5	69.4
49	59.4	60.7	60.9	61.7	62.5	63.2	64.0	64.8	65.7	66.5	67.3	68.2	69.1	69.9	70.8
50	60.7	61.4	62.1	63.0	63.7	64.5	65.3	66.2	67.0	67.8	68.7	69.6	70.5	71.4	72.3
51	61.9	62.4	63.4	64.2	65.0	65.8	66.7	67.5	68.3	69.2	70.1	71.0	71.9	72.8	73.7
52	63.1	63.9	64.7	65.5	66.3	67.1	68.0	68.8	69.7	70.6	71.5	72.4	73.3	74.2	75.2
53	64.3	65.1	65.9	66.7	67.6	68.4	69.3	70.1	71.0	71.9	72.8	73.8	74.7	75.6	76.6
54	65.5	66.3	67.2	68.0	68.8	69.7	70.6	71.5	72.4	73.3	74.2	75.1	76.1	77.1	77.1
55	66.7	67.6	68.4	69.2	70.1	71.0	71.9	72.8	73.7	74.6	75.6	76.5	77.5	78.5	79.5
56	67.9	68.8	69.6	70.5	71.4	72.3	73.2	74.1	75.0	76.0	77.0	77.9	78.9	79.9	810
57	69.2	70.0	70.9	71.8	72.7	73.6	74.5	75.4	76.4	77.3	78.3	79.3	80.3	81.4	82.4
58	70.4	71.2	72.1	73.0	73.9	74.9	75.8	76.8	77.7	78.7	79.7	80.7	81.7	82.8	83.8
59	71.6	72.5	73.4	74.3	75.2	76.2	77.1	78.1	79.1	80.1	80.1	82.1	83.1	84.2	85.3
60	72.8	73.7	74.6	75.5	76.3	77.4	78.4	79.4	80.4	81.4	82.5	83.5	84.6	85.6	86.7

不同海拔高度潜水深度换算表(3 100 m ~ 4 500 m)

潜水深度(m)	海拔高度与换算后海平面等价深度(m)														
	3 100	3 200	3 300	3 400	3 500	3 600	3 700	3 800	3 900	4 000	4 100	4 200	4 300	4 400	4 500
1	1.5	1.5	1.5	1.5	1.5	1.6	1.6	1.6	1.6	1.6	1.7	1.7	1.7	1.7	1.8
2	2.9	3.0	3.0	3.0	3.1	3.1	3.2	3.2	3.2	3.3	3.3	3.4	3.4	3.5	3.5

续表

不同海拔高度潜水深度换算表（3 100 m～4 500 m）
海拔高度与换算后海平面等价深度（m）

潜水深度(m)	3 100	3 200	3 300	3 400	3 500	3 600	3 700	3 800	3 900	4 000	4 100	4 200	4 300	4 400	4 500
3	4.4	4.4	4.5	4.6	4.6	4.7	4.7	4.8	4.9	4.9	5.0	5.1	5.1	5.2	5.3
4	5.9	5.9	6.0	6.1	6.2	6.2	6.3	6.4	6.5	6.6	6.7	6.8	6.8	6.9	7.0
5	7.3	7.4	7.5	7.6	7.7	7.8	7.9	8.0	8.1	8.2	8.3	8.4	8.6	8.7	8.8
6	8.8	8.9	9.0	9.1	9.2	9.4	9.5	9.6	9.7	9.9	10.0	10.1	10.3	10.4	10.5
7	10.2	10.4	10.5	10.6	10.8	10.9	11.1	11.2	11.4	11.5	11.7	11.8	12.0	12.1	12.3
8	11.7	11.9	12.0	12.2	12.3	12.5	12.7	12.8	13.0	13.2	13.3	13.4	13.7	13.9	14.0
9	13.2	13.3	13.5	13.7	13.9	14.1	14.2	14.4	14.6	14.8	15.0	15.2	15.4	15.6	15.8
10	14.6	14.8	15.0	15.2	15.4	15.6	15.8	16.0	16.2	16.4	16.7	16.9	17.1	17.3	17.6
11	16.1	16.3	16.5	16.7	17.0	17.2	17.4	17.6	17.9	18.1	18.3	18.6	18.8	19.1	19.3
12	17.6	17.8	18.0	18.3	18.5	18.7	19.0	19.2	19.5	19.7	20.0	20.3	20.5	20.8	21.1
13	19.0	19.3	19.5	19.8	20.0	20.3	20.6	20.8	21.1	21.4	21.7	21.9	22.2	22.5	22.8
14	20.5	20.8	21.0	21.3	21.6	21.9	22.1	22.4	22.7	23.0	23.3	23.6	23.9	24.3	24.6
15	22.0	22.2	22.5	22.8	23.1	23.4	23.7	24.0	24.3	24.7	25.0	25.3	25.7	26.0	26.3
16	23.4	23.7	24.0	24.3	24.7	25.0	25.3	25.6	26.0	26.3	26.7	27.0	27.4	27.7	28.1
17	24.9	25.2	25.5	25.9	26.2	26.5	26.9	27.2	27.6	28.0	28.3	28.7	29.1	29.5	29.8
18	26.4	26.7	27.0	27.4	27.7	28.1	28.5	28.8	29.2	29.6	30.0	30.4	30.8	31.2	31.6
19	27.8	28.2	28.5	28.9	29.3	29.7	30.0	30.4	30.8	31.2	31.7	32.1	32.5	32.9	33.4

续表

不同海拔高度潜水深度换算表（3 100 m ~ 4 500 m）
海拔高度与换算后海平面等价深度（m）

潜水深度(m)	3 100	3 200	3 300	3 400	3 500	3 600	3 700	3 800	3 900	4 000	4 100	4 200	4 300	4 400	4 500
20	29.3	29.7	30.0	30.4	30.8	31.2	31.6	32.0	32.5	32.9	33.3	33.8	34.2	34.7	35.1
21	30.7	31.1	31.5	31.9	32.4	32.8	33.2	33.6	34.1	34.5	35.0	35.4	35.9	36.4	36.9
22	32.2	32.6	33.0	33.5	33.9	34.3	34.8	35.2	35.7	36.2	36.6	37.1	37.6	38.1	38.6
23	33.6	34.1	34.5	35.0	35.4	35.9	36.4	36.8	37.3	37.8	38.3	38.8	39.3	39.9	40.4
24	35.0	35.6	36.0	36.5	37.0	37.5	38.0	38.4	39.0	39.5	40.0	40.5	41.0	41.6	42.1
25	36.6	37.1	37.5	38.0	38.5	39.0	39.5	40.1	40.6	41.1	41.6	42.2	42.8	43.3	43.8
26	38.1	38.6	39.1	39.6	40.1	40.6	41.1	41.7	42.2	42.8	43.3	43.9	44.4	45.1	45.7
27	39.5	40.0	40.6	41.1	41.6	42.2	42.7	43.3	43.8	44.4	45.0	45.6	46.2	46.8	47.4
28	41.0	41.5	42.1	42.6	43.2	43.7	44.3	44.9	45.4	46.0	46.6	47.3	47.9	48.5	49.2
29	42.5	43.0	43.6	44.1	44.7	45.3	45.9	46.5	47.1	47.7	48.3	48.9	49.6	50.2	50.9
30	43.9	44.5	45.1	45.6	46.2	46.8	47.4	48.1	48.7	49.3	50.0	50.6	51.3	52.0	52.7
31	45.4	46.0	46.6	47.2	47.7	48.4	49.0	49.7	50.3	51.0	51.6	52.3	53.0	53.7	54.4
32	46.9	47.5	48.1	48.7	49.3	50.0	50.6	51.3	51.9	52.6	53.3	54.1	54.7	55.4	56.2
33	48.3	48.9	49.6	50.2	50.9	51.5	52.2	52.9	53.6	54.3	55.0	55.7	56.4	57.2	57.9
34	49.8	50.4	51.1	51.7	52.4	53.1	53.8	54.5	55.2	55.9	56.6	57.4	58.1	58.9	59.7
35	51.2	51.9	52.6	53.2	53.9	54.6	55.3	56.1	56.8	57.5	58.3	59.1	59.9	60.6	61.5
36	52.7	53.4	54.1	54.8	55.5	56.2	56.9	57.7	58.4	59.2	60.0	60.8	61.6	62.4	63.2

续表

不同海拔高度潜水深度换算表(3 100 m～4 500 m)
海拔高度与换算后海平面等价深度(m)

潜水深度(m)	3 100	3 200	3 300	3 400	3 500	3 600	3 700	3 800	3 900	4 000	4 100	4 200	4 300	4 400	4 500
37	54.2	54.9	55.6	56.3	57.0	57.8	58.5	59.3	60.1	60.8	61.6	62.4	63.3	64.1	65.0
38	55.6	56.4	57.1	57.8	58.6	59.3	60.1	60.9	61.7	62.5	63.3	64.1	65.0	65.8	66.7
39	57.1	57.8	58.6	59.3	60.1	60.9	61.7	62.5	63.3	64.1	65.0	65.8	66.7	67.6	68.5
40	58.6	59.3	60.1	60.9	61.6	62.4	63.3	64.1	64.9	65.8	66.6	67.5	68.4	69.3	70.2
41	60.0	60.8	61.6	62.4	63.2	64.0	64.8	65.7	66.5	67.4	68.3	69.2	70.1	71.0	72.0
42	61.5	62.3	63.1	63.9	64.7	65.6	66.4	67.3	68.2	69.1	70.0	70.9	71.8	72.8	73.7
43	63.0	63.8	64.6	65.4	66.3	67.1	68.0	68.9	69.8	70.5	71.6	72.6	73.5	74.5	75.5
44	64.4	65.2	66.1	66.9	67.8	68.7	69.6	70.5	71.3	72.3	73.3	74.3	75.2	76.2	77.3
45	65.9	66.7	67.6	68.5	69.4	70.3	71.1	72.1	73.0	74.0	75.0	76.0	77.0	78.0	79.0
46	67.3	68.2	69.1	70.0	70.9	71.8	72.7	73.7	74.7	75.6	76.6	77.6	78.7	79.7	80.8
47	68.8	69.7	70.6	71.5	72.4	73.4	74.3	75.3	76.3	77.3	78.3	79.3	80.4	81.4	82.5
48	70.3	71.2	72.1	73.0	74.0	74.9	75.9	76.9	77.9	78.9	80.0	81.0	82.1	83.2	84.3
49	71.7	72.7	73.6	74.5	75.5	76.5	77.5	78.5	79.5	80.6	81.6	82.7	83.8	84.9	86.0
50	73.2	74.1	75.1	76.1	77.1	78.1	79.1	80.1	81.1	82.2	83.3	84.4	85.5	86.6	87.8
51	74.7	75.6	76.6	77.6	78.6	79.6	80.7	81.7	82.8	83.9	85.0	86.1	86.2	88.2	89.5
52	76.1	77.1	78.1	79.1	80.1	81.2	82.2	83.3	84.4	85.5	86.6	87.8	88.9	90.1	91.3
53	77.6	78.6	79.6	80.6	81.7	82.7	83.8	84.9	86.0	87.1	88.3	89.5	90.6	91.8	93.1

续表

不同海拔高度潜水深度换算表（3 100 m～4 500 m）

潜水深度(m)	海拔高度与换算后海平面等价深度(m)													
	3 100	3 200	3 300	3 400	3 500	3 600	3 700	3 800	3 900	4 000	4 100	4 200	4 300	4 400	4 500
54	79.1	80.1	81.1	82.2	83.2	84.3	85.4	86.5	87.6	88.8	90.0	91.1	92.3	93.6	94.8
55	80.5	81.6	82.6	83.6	84.8	85.9	87.0	88.1	89.3	90.4	91.6	92.8	94.1	95.3	96.6
56	82.0	83.0	84.1	85.2	86.3	87.4	88.6	89.7	90.9	92.1	93.3	94.5	95.8	97.0	98.3
57	83.5	84.5	85.6	86.7	87.8	89.0	90.1	91.3	92.5	93.7	95.0	96.2	97.5	98.8	100.1
58	84.9	86.0	87.1	88.2	89.4	90.0	91.7	92.9	94.1	95.4	96.6	97.9	99.2	100.5	101.8
59	86.4	87.5	88.6	89.8	90.9	92.1	93.3	94.5	95.8	97.0	98.3	99.6	100.9	102.2	103.6
60	87.8	89.0	90.1	91.3	92.5	93.7	94.9	96.1	97.4	98.7	100.0	101.3	102.6	104.0	105.3

表 10　不同海拔高度减压站深度换算表

不同海拔高度减压站深度换算表（100 m～1 500 m）
海拔高度（m）与换算后减压站深度（m）

减压站深度（m）	100	200	300	400	500	600	700	800	900	1 000	1 100	1 200	1 300	1 400	1 500
3	3.0	2.9	2.9	2.9	2.8	2.8	2.8	2.7	2.7	2.7	2.6	2.6	2.6	2.5	2.5
6	6.0	5.9	5.8	5.7	5.7	5.6	5.5	5.5	5.4	5.3	5.3	5.2	5.1	5.1	5.0
9	8.9	8.8	8.7	8.6	8.5	8.4	8.3	8.2	8.1	8.0	7.9	7.8	7.7	7.6	7.5
12	11.9	11.7	11.6	11.4	11.3	11.2	11.0	10.9	10.8	10.6	10.5	10.4	10.3	10.1	10.0
15	14.8	14.7	14.5	14.3	14.1	14.0	13.8	13.6	13.5	13.3	13.1	13.0	12.8	12.7	12.5
18	17.8	17.6	17.4	17.2	17.0	16.8	16.6	16.4	16.2	16.0	15.8	15.6	15.4	15.2	15.0
21	20.8	20.5	20.3	20.0	19.8	19.5	19.3	19.1	18.9	18.6	18.4	18.2	18.0	17.7	17.5
24	23.7	23.4	23.2	22.9	22.6	22.3	22.1	21.8	21.5	21.3	21.0	20.8	20.5	20.3	20.0
27	26.7	26.4	26.1	25.7	25.4	25.1	24.8	24.5	24.2	23.9	23.7	23.4	23.1	22.8	22.5
30	29.7	29.3	28.9	28.6	28.3	27.9	27.6	27.3	26.9	26.6	26.3	26.0	25.7	25.3	25.0
33	32.6	32.2	31.8	31.5	31.1	30.7	30.4	30.0	29.6	29.3	28.9	28.6	28.2	27.9	27.5
36	35.6	35.2	34.7	34.3	33.9	33.5	33.1	32.7	32.3	31.9	31.5	31.2	30.8	30.4	30.0
39	38.5	38.1	37.6	37.2	36.7	36.3	35.9	35.4	35.0	34.6	34.2	33.8	33.3	32.9	32.5
42	41.5	41.0	40.5	40.0	39.6	39.1	38.6	38.2	37.7	37.3	36.8	36.6	35.9	35.5	35.0
45	44.5	43.9	43.2	42.9	42.4	41.9	41.4	40.9	40.4	39.9	39.4	39.0	38.5	38.0	37.5

续表

不同海拔高度减压站深度换算表（1 600 m ~ 3 000 m）

减压站深度 (m)	海拔高度与换算后减压站深度 (m)														
	1 600	1 700	1 800	1 900	2 000	2 100	2 200	2 300	2 400	2 500	2 600	2 700	2 800	2 900	3 000
3	2.5	2.4	2.4	2.4	2.4	2.3	2.3	2.3	2.2	2.2	2.2	2.2	2.1	2.1	2.1
6	4.9	4.9	4.8	4.8	4.7	4.6	4.6	4.5	4.5	4.4	4.4	4.3	4.3	4.2	4.2
9	7.4	7.3	7.2	7.1	7.1	7.0	6.9	6.8	6.7	6.7	6.5	6.5	6.4	6.3	6.2
12	9.9	9.8	9.6	9.5	9.4	9.3	9.2	9.1	9.0	8.8	8.7	8.6	8.5	8.4	8.3
15	12.4	12.2	12.1	11.9	11.8	11.6	11.5	11.3	11.2	11.1	10.9	10.8	10.6	10.5	10.4
18	14.8	14.7	14.5	14.3	14.1	13.9	13.8	13.6	13.4	13.3	13.1	12.9	12.8	12.6	12.5
21	17.3	17.1	16.9	16.7	16.5	16.3	16.1	15.9	15.7	15.5	15.3	15.1	14.9	14.7	14.5
24	19.8	19.5	19.3	19.1	18.8	18.6	18.4	18.1	17.9	17.7	17.5	17.2	17.0	16.8	16.6
27	22.3	22.0	21.7	21.4	21.2	20.9	20.7	20.4	20.1	19.9	19.6	19.4	19.2	18.9	18.7
30	24.7	24.4	24.1	23.8	23.5	23.2	23.0	22.7	22.4	22.1	21.8	21.6	21.3	21.0	20.8
33	27.2	26.9	26.5	26.2	25.9	25.6	25.3	24.9	24.6	24.3	24.0	23.7	23.4	23.1	22.8
36	29.7	29.3	28.9	28.6	28.2	27.9	27.5	27.2	26.9	26.5	26.2	25.9	25.5	25.2	24.9
39	32.1	31.8	31.4	31.0	30.6	30.2	29.8	29.5	29.1	28.7	28.4	28.0	27.7	27.3	27.0
42	34.6	34.2	33.8	33.4	32.9	32.5	32.1	31.7	31.3	31.0	30.6	30.2	29.8	29.4	29.1
45	37.1	36.6	36.2	35.7	35.3	34.9	34.4	34.0	33.6	33.2	32.7	32.3	31.9	31.5	31.1

续表

不同海拔高度减压站深度换算表（3 100 m～4 500 m）

减压站深度(m)	海拔高度与换算后减压站深度(m)														
	3 100	3 200	3 300	3 400	3 500	3 600	3 700	3 800	3 900	4 000	4 100	4 200	4 300	4 400	4 500
3	2.0	2.0	2.0	2.0	1.9	1.9	1.9	1.9	1.8	1.8	1.8	1.8	1.8	1.7	1.7
6	4.1	4.0	4.0	3.9	3.9	3.8	3.8	3.7	3.7	3.6	3.6	3.6	3.5	3.5	3.4
9	6.1	6.1	6.0	5.9	5.8	5.8	5.7	5.6	5.5	5.5	5.4	5.3	5.3	5.2	5.1
12	8.2	8.1	8.0	7.9	7.8	7.7	7.6	7.5	7.4	7.3	7.2	7.1	7.0	6.9	6.8
15	10.2	10.1	10.0	9.9	9.7	9.6	9.5	9.4	9.2	9.1	9.0	8.9	8.8	8.7	8.5
18	12.3	12.1	12.0	11.8	11.7	11.5	11.4	11.2	11.1	10.9	10.8	10.7	10.5	10.4	10.3
21	14.3	14.2	14.0	13.8	13.6	13.5	13.3	13.1	12.9	12.8	12.6	12.4	12.3	12.1	12.0
24	16.4	16.2	16.0	15.8	15.6	15.4	15.2	15.0	14.8	14.6	14.4	14.2	14.0	13.9	13.7
27	18.4	18.2	18.0	17.7	17.5	17.3	17.1	16.9	16.6	16.4	16.2	16.0	15.8	15.6	15.4
30	20.5	20.2	20.0	19.7	19.5	19.2	19.0	18.7	18.5	18.2	18.0	17.8	17.5	17.3	17.1
33	22.5	22.3	22.0	21.7	21.4	21.1	20.9	20.6	20.3	20.1	19.8	19.6	19.3	19.0	18.8
36	24.6	24.3	24.0	23.7	23.4	23.1	22.8	22.5	22.2	21.9	21.6	21.3	21.1	20.8	20.5
39	26.6	26.3	26.0	25.6	25.3	25.0	24.7	24.3	24.0	23.7	23.4	23.1	22.8	22.5	22.2
42	28.7	28.3	28.0	27.6	27.3	26.9	26.6	26.2	25.9	25.5	25.2	24.9	24.6	24.2	23.9
45	30.7	30.3	30.0	29.6	29.2	28.8	28.5	28.1	27.7	27.4	27.0	26.7	26.3	26.0	25.6

不同海拔高度大气压的计算公式:

$$P_z = P_0 \times 10^{-z/[18\,400\,(1+a\,tvm)]}$$

式中,P_z 表示在海拔高度为 Z 米处的大气压;P_0 表示海平面大气压,即 760 mmHg;Z 表示海拔高度(m);a 为 1/273;tvm 为所在海拔处平均气温(℃)。

表 11、表 12、表 13 使用说明如下。

潜水员由海平面地区乘坐飞机直接到达高海拔水域时,由于大气中氮分压的降低,机体将排出多余的氮气以达到平衡。因此,在到达高海拔水域后 12 h 内潜水时即视为反复潜水。

表 11 "初到高海拔地区时反复潜水分组符号"列出刚进入高海拔地区的反复潜水分组符号。潜水员应根据此符号和达到高海拔地区时间与开始潜水的时间间隔,在"高海拔水域初次潜水开始时余氮时间"(表 12)内查到新的反复潜水分组符号,再以"海平面等价深度"(表 13)内查出海平面等价潜水深度,用新的反复潜水分组符号和海平面等价深度确定余氮时间。"余氮时间"加"实际潜水水下工作时间"作为"等价潜水水下工作时间",选择减压方案。

若潜水员在某一高海拔地区长时间停留,体内外氮已经达到平衡,进入更高海拔地区潜水要用两地海拔高度差值在"初到高海拔地区时反复潜水分组符号"表内查得最初反复潜水分组符号。

注意:海拔高度超过 10 000 ft(3 048 m)时,可出现强烈的低氧应激,甚至发生明显的高原反应,机体将发生适应性变化。上升至这样的高度必须控制上升速率,缓慢上升,也可采用适应性训练或药物预防。这样的暴露须在潜水医生的指导下有计划的实施。

表 11 初到高海拔地区时反复潜水分组符号

高度		反复潜水分组符号
ft	m	
1 000	304.8	A
2 000	609.6	B
3 000	914.4	B
4 000	1 219.2	C
5 000	1 524	D
6 000	1 828.8	E
7 000	2 133.6	E
8 000	2 438.4	F
9 000	2 743.2	G
10 000	3048	H

表12 空气反复潜水用的残余氮气时间表

*在到达高海拔地区超过 12 h 后所进行的潜水不是反复潜水，对这类潜水可采用高海拔地区专用潜水减压表中的实际水底停留时间来计算减压时间。

水面间隔开始时的反复潜水分组：

组	时间范围											
A	0:10 / 12:00*											
B	0:10–3:20	3:21–12:00*										
C	0:10–1:39	1:40–4:49	4:50–12:00*									
D	0:10–1:09	1:10–2:38	2:39–5:48	5:49–12:00*								
E	0:10–0:54	0:55–1:57	1:58–3:24	3:25–6:34	6:35–12:00*							
F	0:10–0:45	0:46–1:29	1:30–2:28	2:29–3:57	3:58–7:05	7:06–12:00*						
G	0:10–0:40	0:41–1:15	1:16–1:59	2:00–2:58	2:59–4:25	4:26–7:35	7:36–12:00*					
H	0:10–0:36	0:37–1:06	1:07–1:41	1:42–2:23	1:24–3:20	3:21–4:59	4:50–7:59	8:00–12:00*				
I	0:10–0:33	0:34–0:59	1:00–1:29	1:30–2:02	2:03–2:44	2:45–3:43	3:44–5:12	5:13–8:21	8:22–12:00*			
J	0:10–0:31	0:32–0:54	0:55–1:19	1:20–1:47	1:48–2:20	2:21–3:04	3:05–4:02	4:03–5:40	5:41–8:50	8:51–12:00*		
K	0:10–0:28	0:29–0:49	0:50–1:11	1:12–1:35	1:36–2:03	2:04–2:38	2:39–3:21	3:22–4:19	4:20–5:48	5:49–8:58	8:59–12:00*	
L	0:10–0:26	0:27–0:45	0:46–1:04	1:05–1:25	1:26–1:49	1:50–2:19	2:20–2:53	2:54–3:36	3:37–4:35	4:36–6:02	6:03–9:12	9:13–12:00*
M	0:10–0:25	0:26–0:42	0:43–0:59	1:00–1:18	1:19–1:35	1:36–2:05	2:06–2:34	2:35–3:08	3:09–3:52	3:53–4:49	4:50–6:18	6:19–9:28	9:29–12:00*
N	0:10–0:24	0:25–0:39	0:40–0:54	0:55–1:11	1:12–1:30	1:31–1:53	1:54–2:18	2:19–2:47	2:48–3:22	3:23–4:04	4:05–5:03	5:04–6:32	6:33–9:43	9:44–12:00*
O	0:10–0:23	0:24–0:36	0:37–0:51	0:52–1:07	1:08–1:24	1:25–1:43	1:44–2:04	2:05–2:29	2:30–2:59	3:00–3:33	3:34–4:17	4:18–5:16	5:17–6:44	6:45–9:54	9:55–12:00*
Z	0:10–0:22	0:23–0:34	0:35–0:48	0:49–1:02	1:03–1:18	1:19–1:36	1:37–1:55	1:56–2:17	2:18–2:42	2:43–3:10	3:11–3:45	3:46–4:29	4:30–5:27	5:28–6:56	6:57–10:05	10:06–12:00*

水面间隔结束时新的反复潜水分组：

符号 →	Z	O	N	M	L	K	J	I	H	G	F	E	D	C	B	A
反复潜水深度 ft / m	↓	↓	↓	↓	↓	↓	↓	↓	↓	↓	↓	↓	↓	↓	↓	↓
10 / 3.0	**	**	**	**	**	**	**	**	**	**	**	797	279	159	88	39
20 / 6.1	**	**	**	**	**	**	917	399	279	208	159	120	88	62	39	18

续表

30	9.1	†	†	†	349	279	229	190	159	132	109	88	70	54	39	25	12
40	12.2	257	241	213	187	161	138	116	101	87	73	61	49	37	25	17	7
50	15.2	169	160	142	124	111	99	87	76	66	56	47	38	29	21	13	6
60	18.2	122	117	107	97	88	79	70	61	52	44	36	30	24	17	11	5
70	21.3	100	96	87	80	72	64	57	50	43	37	31	26	20	15	9	4
80	24.4	84	80	73	68	61	54	48	43	38	32	28	23	18	13	8	4
90	27.4	73	70	64	58	53	47	43	38	33	29	24	20	16	11	7	3
100	30.5	64	62	57	52	48	43	38	34	30	26	22	18	14	10	7	3
110	33.5	57	55	51	47	42	38	34	31	27	24	20	16	13	10	6	3
120	36.6	52	50	46	43	39	35	32	28	25	21	18	15	12	9	6	3
130	39.6	46	44	40	38	35	31	28	25	22	19	16	13	11	8	6	3
140	42.7	42	40	38	35	32	29	26	23	20	18	15	12	10	7	5	2
150	45.7	40	38	35	32	30	27	24	22	19	17	14	12	9	7	5	2
160	48.8	37	36	33	31	28	26	23	20	18	16	13	11	9	6	4	2
170	51.8	35	34	31	29	26	24	22	19	17	15	12	10	8	6	4	2
180	54.8	32	31	29	27	25	22	20	18	16	14	11	10	8	6	4	2
190	57.9	31	30	28	26	24	21	19	17	15	13	10	10	8	6	4	2
残余氮气时间(min)																	

表13 海平面等价深度

实际深度 (m)	海拔高度(m)									
	304.8	609.6	914.4	1 219.2	1524	1 828.8	2 133.6	2 438.4	2 743.2	3 048
3.0	3.0	4.6	4.6	4.6	4.6	4.6	4.6	4.6	4.6	4.6
4.6	4.6	6.1	6.1	6.1	6.1	6.1	6.1	7.6	7.6	7.6
6.1	6.1	7.6	7.6	7.6	7.6	7.6	9.1	9.1	9.1	9.1
7.6	7.6	9.1	9.1	9.1	10.7	10.7	10.7	10.7	10.7	12.2
9.1	9.1	10.7	10.7	10.7	12.2	12.2	12.2	15.2	15.2	15.2
10.7	10.7	12.2	12.2	15.2	15.2	15.2	15.2	15.2	15.2	18.3
12.2	12.2	15.2	15.2	15.2	15.2	15.2	18.3	18.3	18.3	18.3
13.7	13.7	15.2	18.3	18.3	18.3	18.3	18.3	21.3	21.3	21.3
15.2	15.2	18.3	18.3	18.3	21.3	21.3	21.3	21.3	21.3	24.4
16.8	16.8	18.3	21.3	21.3	21.3	21.3	24.4	24.4	24.4	24.4
18.3	18.3	21.3	21.3	21.3	24.4	24.4	24.4	27.4	27.4	27.4
19.8	19.8	21.3	24.4	24.4	24.4	27.4	27.4	27.4	30.5	30.5
21.3	21.3	24.4	24.4	27.4	27.4	27.4	30.5	30.5	30.5	33.5
22.9	22.9	27.4	27.4	27.4	30.5	30.5	30.5	33.5	33.5	33.5

续表

实际深度(m)	海拔高度(m)									
	304.8	609.6	914.4	1 219.2	1 524	1 828.8	2 133.6	2 438.4	2 743.2	3 048
24.4	24.4	27.4	27.4	30.5	30.5	30.5	33.5	33.5	36.6	36.6
25.9	25.9	30.5	30.5	30.5	33.5	33.5	36.6	36.6	36.6	39.6
27.4	27.4	30.5	33.5	33.5	33.5	36.6	36.6	36.6	36.6	42.7
29.0	29.0	33.5	33.5	33.5	36.6	36.6	36.6	36.6	42.7	42.7
30.5	30.5	33.5	36.6	36.6	39.6	39.6	39.6	42.7	42.7	45.7
32.0	32.0	36.6	36.6	39.6	39.6	42.7	42.7	45.7	45.7	48.8
33.5	33.5	36.6	39.6	39.6	42.7	42.7	45.7	45.7	48.8	48.8
35.1	35.1	39.6	39.6	42.7	42.7	45.7	45.7	48.8	51.8	51.8
36.6	36.6	39.6	42.7	42.7	45.7	45.7	48.8	51.8	51.8	54.9
38.1	38.1	42.7	42.7	45.7	48.8	48.8	51.8	51.8	54.9	57.9
39.6	39.6	42.7	45.7	48.8	48.8	51.8	51.8	54.9	57.9	57.9
41.1	41.1	45.7	48.8	48.8	51.8	51.8	54.9	57.9	57.9	61.0
42.7	42.7	48.8	48.8	51.8	51.8	54.9	57.9	57.9	61.0	64.0
44.2	44.2	48.8	51.8	51.8	54.9	57.9	57.9	61.0	64.0	
45.7	48.8	51.8	51.8	54.9	57.9	57.9	61.0	64.0		
47.2	51.8	51.8	54.9	54.9	57.9	61.0	64.0			
48.8	51.8	54.9	54.9	57.9	61.0	61.0				
50.3	54.9	54.9	57.9	61.0	61.0					
51.8	54.9	57.9	57.9	61.0						
53.3	57.9	57.9	61.0							
54.9	57.9	61.0	64.0							
56.4	61.0	61.0								
57.9	61.0									
表中深度										
3.0	3.0	2.7	2.7	2.7	2.4	2.4	2.4	2.1	2.1	2.1
6.1	5.8	5.8	5.5	5.2	5.2	4.9	4.6	4.6	4.3	4.3
9.1	8.8	8.5	8.2	7.9	7.6	7.3	7.0	6.7	6.4	6.4
12.2	11.9	11.3	11.0	10.7	10.1	9.8	9.4	9.1	8.8	8.5
15.2	14.6	14.3	13.7	13.1	12.8	12.2	11.9	11.3	11.0	10.4
18.3	17.7	17.1	16.5	15.8	15.2	14.6	14.0	13.7	13.1	12.5

注：海平面等价深度也可查阅表 9。

表 14　潜水后乘坐飞机地面等待时间表

反复潜水分组符号	海拔高度(m)									
	304.8	609.6	914.4	1 219.2	1 524	1 828.8	2 133.6	2 438.4	2 743.2	3 048
A	0:00	0:00	0:00	0:00	0:00	0:00	0:00	0:00	0:00	0:00
B	0:00	0:00	0:00	0:00	0:00	0:00	0:00	0:00	0:00	2:11
C	0:00	0:00	0:00	0:00	0:00	0:00	0:00	0:00	3:06	8:26
D	0:00	0:00	0:00	0:00	0:00	0:00	0:09	3:28	7:33	12:52
E	0:00	0:00	0:00	0:00	0:00	0:51	3:35	6:54	10:59	16:18
F	0:00	0:00	0:00	0:00	1:12	3:40	6:23	9:43	13:47	19:07
G	0:00	0:00	0:00	1:23	3:34	6:02	8:16	12:05	16:10	21:29
H	0:00	0:00	1:31	3:26	5:37	8:05	10:49	14:09	18:13	23:33
I	0:00	1:32	3:20	5:15	7:26	9:54	12:38	15:58	20:02	24:00
J	1:32	3:09	4:57	6:52	9:04	11:32	14:16	17:35	21:39	24:00
K	3:00	4:37	6:25	8:20	10:32	13:00	15:44	19:03	23:07	24:00
L	4:21	5:57	7:46	9:41	11:52	14:20	17:04	20:23	24:00	24:00
M	5:35	7:11	9:00	10:55	13:06	15:34	18:18	21:37	24:00	24:00
N	6:43	8:20	10:08	12:03	14:14	16:42	19:26	22:46	24:00	24:00
O	7:47	9:24	11:12	13:07	15:18	17:46	20:30	23:49	24:00	24:00
Z	8:17	9:54	11:42	13:37	15:49	18:17	21:01	24:00	24:00	24:00
例外暴露	48 h 后方可飞行									

注意：1. 使用此表时，需用 24 h 内最高的反复潜水分组符号；

2. 此表仅在最大上升高度不大于 3 048 m 时使用；

3. 在商业飞行中，座舱内压力一般保持恒定值，与外界环境压力无关，部分机种舱压会发生轻度改变，但也不高于正常值 2 438.4 m。因此，对于商业飞行均采用 2 438.4 m 计算飞行前所需的等待间隔时间；

4. 当潜水地点海拔高度超过 2 438.4 m 时，潜水后商业飞行毋需等待。在这种情况下，飞行已是增压过程；

5. 在空气潜水中，采用吸氧或吸空气水面减压时，没有反复潜水分组符号可查。可采用海平面等效深度/水下工作时间，在标准空气潜水减压表中查找相应的反复潜水分组符号代用；

6. 氢氧常规潜水时，如果该次潜水为不减压潜水，则在潜水结束后 12 h 才能飞行；如果为减压潜水，则在潜水结束后 24 h 才能飞行。

7. 在飞行转运过程中，潜水员尽可能吸氧。

表 15 使用说明：潜水结束后，潜水员如乘坐非加压座舱飞机（如直升机、运输货机等，即座舱内压力与机外大气压力相同）或乘坐加压座舱的大型客机（其座舱内压力相当于 2 438.4 m 高度的大气压力 0.737 ata），会增加减压病发生的危险性，上升高度越大，这种危险性也越大。

表15列出了潜水后升空(或登山)所必须等待的时间(h:min)。该等待时间取决于预计上升高度和升空前24 h内反复潜水分组符号的最高组别。

表 15 空气常规潜水记录表(样张)

潜水员姓名		性别		年龄		潜水地点		潜水深度	m
水下任务		流速	m/s	风浪等级		天气情况		风向风力	
劳动强度		气温	℃	作业深度水温	℃	水中视距	m	底质	软、硬
装具类别型号		扯管员		信号员		电话员		预备潜水员	
潜水装具检查结果				潜水领队:					
潜水前体检	主诉: T ℃ Bp mmHg/kPa P 次/min R 次/min 心肺听诊: 咽鼓管通畅性能: 能否下潜结论: 能 否 潜水医生:								
入水时间		离底时间		水下工作时间	min	按_____潜水减压表 ____m/____min方案减压			
上升到第一停留站时间 min						时间: ~			

	停留站深度(m)	停留时间（min）	时 间	潜水员身体状况
水 下 减 压			~	
			~	
			~	
			~	
			~	
			~	
			~	
			~	
			~	
			~	

续表

水面间隔时间	min	~	舱内呼吸 气
水面舱内减压		~	
		~	
		~	
		~	
		~	
		~	
减压总时间	min	潜水总时间： min	

年 月 日
潜水员出水(舱)后体检：
主诉：
T ℃ Bp mmHg/kPa P 次/min R 次/min
36 h 追踪观察：
备注：

潜水医生：_____ 操舱员：_____

减压病加压治疗表

表16 海军医学研究所空气潜水减压病加压治疗表（使用说明）

一、潜水员一旦确诊为减压病后,应立即进行再加压治疗。

1. 急性减压病

Ⅰ氧、Ⅱ氧方案属于治疗减压病的最低压力吸氧方法,在高压氧治疗舱内也可实施。若仅有肢体疼痛的轻型减压病在 18 m 吸氧 10 min 内症状消除者,可采用Ⅰ氧方案。若减压病症状虽较重,但无生命危险的病人,在 18 m 吸氧 10 min 内症状消除者,可采用Ⅱ氧方案,如上述症状在 18 m 吸氧 10 min 内没有明显改善时,应继续用空气加压,选用本表其他治疗方案。

Ⅲ方案适用于轻型减压病(临床表现为各种皮肤或肌肉、关节、骨骼轻度疼痛),当加压到附加压为 0.3 MPa($3 kgf/cm^2$)时症状完全消失,停留15～20 min 后,按该治疗方案减压;或症状有明显好转,再在高压下停足所规定的时间后减压。

Ⅳ方案适用于中等型减压病(临床表现为肌肉、关节、骨骼剧痛;有轻度呼吸、循环系统功能障碍者),加压到附加压为 0.5 MPa（$5 kgf/cm^2$）时症状完全消失,停留 15～20 min 后减压;或症状有明显好转,再在高压下停足所规定的时间后减压。

Ⅴ方案适用于较重型减压病(临床表现为胸闷、胸骨后疼痛、咳嗽、脉搏细弱、血压波动或明显头晕、头痛者),加压到附加压为 0.7 MPa(7 kgf/cm²)时症状完全消失,停留 15～20 min 后实施减压;或症状有明显好转,再在高压下停足所规定的时间后实施减压。

Ⅵ方案适用于重型减压病例或在治疗空气常规潜水减压病时引起的重型减压病,在高压下停足规定的时间症状未消除或在减压过程中有症状复发的病例。

Ⅶ方案适用于重型减压病例(临床表现为中枢神经损伤、呼吸、循环系统功能严重紊乱或处于昏迷状态的患者),即当加压到附加压为 0.7 MPa(7 kgf/cm²)效果不明显,加压到附加压为 0.8 MPa(8 kgf/cm²)时有好转,而加压到附加压为 0.9 MPa(9 kgf/cm²)时症状消失的病例。

上述重型减压病人,当加压到附加压为 0.9 MPa(9 kgf/cm²)时症状虽有好转,但未完全恢复的患者,可采用Ⅷ方案(详见表 16)。

2. 长期延误而未经加压治疗的慢性减压病

(1) 此类减压病系指有轻型的减压病症状(肌肉、骨骼、关节疼痛、四肢无力或其他轻度不适主诉等),由于条件所限,延误了治疗时间,因而症状长期存在者。

(2) 此类减压病例采用Ⅳ、Ⅴ两种方案,如加压到附加压为 0.5 MPa(5 kgf/cm²)时症状消失,则用方案Ⅳ;如加压到附加压为 0.5 MPa(5 kgf/cm²)时症状无明显改善,而当加压到附加压为 0.7 MPa(7 kgf/cm²)时症状消失者则用方案Ⅴ。

二、上述有些治疗方案中有吸氧和吸空气两部分。采用吸氧方案减压,时间短,疗效好。若在吸氧阶段患者需要用膳时,可暂停吸氧,待用膳后再继续吸氧治疗,但用膳时间不计入吸氧治疗的时间内;如没有吸氧条件,可采用吸空气减压方案治疗。

三、如在吸氧治疗过程中,因故中断吸氧而需要改用吸空气方案减压时,其改用方法为中断吸氧的那个减压站按该空气治疗减压方案的停留时间停留,然后按该空气治疗方案逐站减压。

四、如重型减压病例的症状体征在所选择的治疗方案中在高压下停足规定时间后,病情仍不消失者,可按该治疗方案逐站减压至附加压为 0.5 MPa(5 kgf/cm²),然后在附加压为 0.5 MPa(5 kgf/cm²)压力下再停留较长时间(20～80 min),以后则按照Ⅵ治疗方案减压。

五、减压过程中应配合使用热敷、按摩、针灸等物理疗法。在抢救重危患者时,应在加压治疗的同时,采用相应的临床综合治疗措施。

六、如患者在减压过程中有症状复发,应立刻增加舱压,加到相当于增加 0.06～0.09 MPa(6～9 m)压力的相应停留站,等症状缓解后停留 15～20 min,按本治疗表该方案的下一档吸氧方案进行延长减压。

七、凡超过附加压 0.7 MPa(7 kgf/cm²)时,为减轻患者的氮麻醉影响,宜改用氦氧混合气体,其氧浓度应为 20±1%。

表 16 海军医学研究所空气潜水减压病加压治疗表

治疗方案	治疗压力 MPa	停留时间 min	上升到第一停留站时间 min	停留站深度 m / 各站停留时间 min																		治疗总时间	
				72	66	60	54	48	42	36	30	24	21	18	16	14	12	10	8	6	4	2	h	min
Ⅰ氧	—	—	—	—	—	—	—	—	—	—	—	—	—	(20)	5	(30)	5	(30)	5	(5)	(5)	(5)	2	34
Ⅱ氧	—	—	—	—	—	—	—	—	—	—	—	—	—	(30) 5 (30) 5 10	(30) 5 (30) 5 10	(30) 5 (30) 5	(30) 10	(60)	5	(10)	(10)	(10)	5	29
Ⅲ	0.3	30	2	—	—	—	—	—	—	—	—	2	5	10	10	15	15	20	30	45	100	120	6	55
Ⅲ氧	0.3	30	2	—	—	—	—	—	—	—	—	2	5	10	(30)	(30)	5	(5)	5	(5)	5	(5)	2	50
Ⅳ	0.5	30	2	—	—	—	—	—	3	12	12	12	15	20	20	20	30	50	75	80	120	150	11	08
Ⅳ氧	0.5	30	2	—	—	—	—	—	3	12	12	12	15	(30)	5 (30)	5 (30)	5 (30)	5	(5)	5	(5)	5 (5)	4	58
Ⅴ	0.7	30	5	—	—	—	6	6	10	15	30	30	35	35	40	40	50	60	80	100	120	150	14	23
Ⅴ氧	0.7	30	5	—	—	—	6	6	10	15	30	30	35	(30)	5 (30) 10 (30)	10 (45) 10 (45)	10 (30)	5	5	(5)	5	(5)	7	53

续表

治疗方案	治疗压力 Mpa	停留时间 min	上升到第一停留站时间 min	停留站深度 m / 各站停留时间 min																				治疗总时间	
				72	66	60	54	48	42	36	30	24	21	18	16	14	12	10	8	6	4	2		h	min
Ⅵ	0.7	30	2	—	—	—	—	—	10	40	40	60	60	180	180	180	600	120(60)或180	120(60)或180	120(60)或180	120(60)或180	120(60)或180		38	49
	0.5	20~80																						39	49
Ⅶ	0.9	20	8	—	3	3	6	6	10	25	30	40	50	60	70	80	90	100	100	120	150	180		19	36
Ⅶ氧	0.9	20	8	—	3	3	6	6	10	25	30	40	50	10(20)	10(25)	10(25)	10(30)	10(35)	10(35)	10(35)	10(45)	10(55)		10	21
Ⅷ	1.0	15	10	3	5	5	6	10	15	35	70	70	80	80	90	90	100	100	120	150	180	180		24	01
Ⅷ氧	1.0	15	10	3	5	5	6	10	15	35	70	70	80	(25)	10(30)	10(30)	10(35)	10(35)	10(35)	10(45)	10(55)	10(55)		12	56

注：(1) 24 m 以深各停留站间上升移行时间为 2 min；24 m 以浅各停留站间上升移行时间为 1 min，均已计入治疗总时间内。
(2) 方案Ⅵ在附加压为 0.7 Mpa 下停留 30 min 后，以 10 min 减至附加压 0.5 Mpa，在该压力下可视病情停留 20~80 min。
(3) "高压下停留时间"从开始加压时即算起。
(4) 表中括弧内的数字为吸氧时长（分钟）。

表 17 第二军医大学海医系空气潜水减压病加压治疗表（使用说明）

一、本表共 8 个压力档，2 组 22 个治疗方案。分两组，第一组 11 个治疗方案为吸氧治疗方案，第二组 11 个治疗方案为吸空气治疗方案。治疗方案的选择原则为：

（1）发病前潜水的深度，特别是上升出水时减压的情况（如减压不足或选择减压方案不妥或根本没有减压，甚至是放漂出水等）；

（2）疾病症状的性质及其发展的程度；

（3）急性或慢性，延迟治疗或治疗不彻底；

（4）当舱压升高时，症状消失（或显著减轻）时的压力；

（5）有无供氧设备及病人能否耐受高压氧。

具体治疗方案的选择依据如下。

1. 急性减压病

（1）方案Ⅰ、Ⅱ、Ⅲ：用于潜水深度在 45 m 以内，基本遵守减压规则或减压方案选择不妥以致减压不足的轻型减压病病人。临床表现仅为皮痒、皮疹或肌肉、关节轻度疼痛。若加压到 0.15 MPa 时症状消失者，可用方案Ⅰ。若加压到 0.25 MPa 时症状消失者，用方案Ⅱ。如果加压到 0.4 MPa 症状仍不消失，可选用本表其他治疗方案。

（2）方案Ⅳ和Ⅴ：用于潜水深度在 45 m 以内，减压严重不足或根本没有减压甚至放漂出水的中型减压病病人。临床表现为肌肉、关节中度或剧烈疼痛，有轻度呼吸、循环系统机能障碍者。若加压到 0.4 MPa 时症状明显好转，在 0.5 MPa 停留 10 min 内症状消失者，可用方案Ⅳ。若加压到 0.5 MPa 时症状明显好转，在 0.6 MPa 停留 10 min 内症状消失者，可用方案Ⅴ。

（3）方案Ⅵ、Ⅶ：用于潜水深度大于 45 m，减压严重不足或根本没有减压甚至放漂出水的重型减压病病人。临床表现为中枢神经系统损伤，心血管和呼吸系统机能严重障碍者。当加压到 0.6 MPa 时症状明显好转，在 0.7 MPa 停留期间症状消失者，可用方案Ⅵ。若加压到 0.6～0.7 MPa 时无效，而 0.8 MPa 时症状好转，在 0.9 MPa 停留期间症状消失者，用方案Ⅶ。

（4）方案Ⅷ：用于潜水深度大于 45 m，水下停留时间较长，放漂或紧急提拉出水面而发生的减压病；可用于按方案Ⅵ、Ⅶ治疗后复发的病人，也可用于严重减压病病人加压到 0.9 MPa 时虽有好转，但未完全恢复的病人。

2. 慢性减压病

（1）慢性减压病是指经常不遵守减压规则，一次或多次患急性减压病后，由于种种原因未能及时进行加压治疗，长期存在头痛、头晕、肌肉、关节疼痛、四肢无力等症状者。

（2）慢性减压病一般采用Ⅸ～Ⅺ。如加压到 0.5 MPa 的过程中症状消失者,用方案Ⅸ。加压到 0.6 MPa 的过程中症状消失者,用方案Ⅹ。加压到 0.7 MPa 的过程中症状消失者,用方案Ⅺ。

二、表中 22 个治疗方案,分为吸氧和吸空气两种。采用吸氧方案减压时间较短,治疗效果好。因此,如果有吸氧设备,原则上均采用吸氧方案。但如果没有吸氧设备,可采用吸空气方案。若在吸氧过程中出现氧中毒,可改用吸空气方案,如无吸空气的相应深度可转换时,可转换至正在吸氧的深度较深一站的吸空气深度,在该站按规定吸空气后,其余各站按吸空气方案进行。

三、减压过程中病人宜取卧位,注意保暖,并可视具体情况配合使用热敷、按摩、针灸等。在治疗危重病人时,应有医护人员陪舱,根据需要适时给予低分子右旋糖酐等血容量扩充剂或其他药物。

四、如果病人在减压过程中(或减压结束后)症状复发,可再升高舱内压力,待症状消失后,可按具体情况采用下一个或再下一个时间更长的方案减压。

五、在所有治疗方案中,升压速度一般不应小于 0.1 MPa/min。加压时间不计入高压下停留时间内。但如果采用方案Ⅳ～Ⅵ时,加压时间超过 20 min 后,所超过的时间应折半计入高压下停留时间。采用方案Ⅶ～Ⅷ时,加压时间超过 30 min 后,所超过的时间应折半计入高压下停留时间。

六、对慢性减压病,如果一次加压治疗后,仍残留某些轻微症状,除给予理疗等对症处理外,也可采用隔日反复多次加压治疗,并充分利用吸氧。

七、加压治疗结束后,病人应在舱旁观察 6 h。

八、凡舱压大于 0.7 MPa 时,如有条件,可用氦氧混合气,其氧浓度为 19～21%。

表 17-1　第二军医大学海医系空气潜水减压病加压治疗表（一）

治疗方案	治疗表压(Mpa)	高压下停留时间(min)	减至第一停留站所需时间(min)	各停留站深度(m)和停留时间(min)																												吸氧总时间(min)	减压总时间(min)
				81	78	75	72	69	66	63	60	57	54	51	48	45	42	39	36	33	30	27	24	21	18	15	12	9	6	3		
I	0.2	20	2																											(30)	(150)	157
II	0.3	20	3																										(30)	5(30)	(180)	214
III	0.4	20	3																									(30)	5(30)	5(30)	(180)	248
IV	0.5	30	3														1	4	7	7	13	17	24	(30)	5(30)	5(30)	5(30)	5(30)	5(30)	5(60)	(270)	384
V	0.6	30	3													1	4	5	6	10	14	15	30	40	(30)	5(30)	5(30)	5(60)	5(60)	5(60)	(270)	440
VI	0.7	30	4											2	5	5	8	12	13	22	22	28	40	55	(30)	5(30)	5(30)	5(60)	5(60)	5(60)	(300)	541
VII	0.9	20	6					1	2	4	5	5	9	10	12	13	22	22	28	40	55	70	(30)	5(30)	5(30)	5(30)	5(60)	5(60)	5(60)	(330)	714
VIII	1.0	15	6	1	1	3	4	4	4	5	5	5	7	7	10	20	25	25	40	60	60	75	(30)	5(30)	5(30)	5(30)	5(60)	5(60)	5(60)	(360)	901
IX	0.5	30	4																				4	5	6	(30)	5(30)	5(30)	5(30)	5(30)	5(30)	(180)	233
X	0.6	30	5														2	4	4	4	8	10	12	(30)	5(30)	5(30)	5(30)	5(60)	5(60)	(210)	292
XI	0.7	30	5												2	4	4	4	6	12	12	12	30	(30)	5(30)	5(30)	5(30)	5(60)	5(60)	(240)	371

注：括号内数字为吸氧分钟数，各站间减压移行时间均用 1 min（已包括在"减压总时间"内）

表17-2 第二军医大学海医系空气潜水减压病加压治疗表（二）

治疗方案	治疗表压（MPa）	高压下停留时间（min）	减至第一停留站所需时间（min）	各停留站深度（m）和停留时间（min）																														减压总时间（min）
				81	78	75	72	69	66	63	60	57	54	51	48	45	42	39	36	33	30	27	24	21	18	16	14	12	10	8	6	4	2	
I	0.2	20	2																							2	4	4	6	9	15	25	35	110
II	0.3	20	3																						4	4	7	7	10	14	26	45	75	204
III	0.4	20	4																						6	6	9	12	20	20	30	65	90	267
IV	0.5	30	3															1	4	7	7	13	14	20	20	20	25	45	55	65	80	95	120	603
V	0.6	30	3									5	1	2	5	5	5	5	6	10	14	15	30	35	55	50	50	60	65	70	90	110	150	828
VI	0.7	30	4					2	4	4	5	5	6	9	10	10	12	8	12	13	14	28	34	55	55	60	60	60	66	70	75	90	100	120	160	970
VII	0.9	20	6	1			1	4	4	4	5	5	5	7	7	7	10	13	22	22	14	30	55	60	60	60	60	66	70	70	80	100	120	150	180	1227
VIII	1.0	15	6	1	1	1	3	4	5	5	4	5	5	7	7	10	20	25	25	22	40	60	34	70	70	80	80	80	80	100	100	100	130	160	200	1399
IX	0.5	30	4																			4	5	6	12	12	20	25	40	40	55	65	80	110	450
X	0.6	30	5													2	4	2	2	4	4	8	10	12	18	20	30	40	55	65	70	95	120	573
XI	0.7	30	5												2	4	4	4	6	12	12	12	30	30	36	50	50	60	70	85	100	130	720

注：各站间减压行移时间均用1 min（已包括在"减压总时间"内）。

表18 前苏联海军空气潜水减压病加压治疗表(使用说明)

此表引自1977年前苏联国防部出版的《潜水员手册》,表中有五个治疗方案。其中,Ⅰ、Ⅱ、Ⅲ治疗方案与1960年颁布的《减压病、肺气压伤治疗表》相应方案完全相同。Ⅳ、Ⅴ方案均为10 kgf/cm^2。治疗方案选择依据如下。

一、治疗减压病

(一) 潜水深度不超过100 m者

方案Ⅰ:治疗轻型减压病(表现为皮痒、皮疹或轻度肌肉、骨关节疼痛)。若加压到3 kgf/cm^{2}过程中,症状完全消去者,可采用此方案。

方案Ⅱ:治疗轻型减压病(表现为皮疹、肌肉及骨关节疼痛,脉搏及呼吸增快)。若加压到5 kgf/cm^{2}过程中,症状完全消去者,可采用此方案。

方案Ⅲ:治疗中度型减压病(表现为持续骨关节及肌肉疼痛,而四肢无显著运动机能障碍,脉搏和呼吸明显增快)。

方案Ⅳ:治疗重型减压病(表现为美尼尔综合征、意识丧失、轻瘫及瘫痪,有明显心血管系统活动和呼吸机能障碍等)。

方案Ⅴ:治疗特别严重型减压病(表现为中枢神经系统、心血管和呼吸机能活动严重障碍),而在10 kgf/cm^2(方案Ⅳ)压力下,停留15 min以内无明显治疗效果者;失事情况下出水后,罹患轻型减压病者可采用此方案。

(二) 潜水深度超过100 m者

方案Ⅲ治疗轻型和中度型减压病,方案Ⅳ和Ⅴ治疗重型和特别严重型减压病。

(三) 对复发病例的治疗

凡用方案Ⅰ、Ⅱ、Ⅲ和Ⅳ治疗后又复发者,重新加压治疗的减压都按方案Ⅴ。若复发症状表现为关节和肌肉疼痛者,病人进入加压舱,先将舱内压力加到1 kgf/cm^2,停留观察5~10 min。若症状无好转,再升高舱内压1 kgf/cm^2,仍停留观察5~10 min。按此升压幅度和停留观察时间期限,直至症状开始明显好转,然后将舱内压加到临近更深一个停留站。病人在该停留站停留60 min,然后按方案Ⅴ规定减压。

例如,某潜水员潜水60 m后,发生两膝关节剧烈持续性疼痛,按照方案Ⅳ加压治疗,压力升至80 m,疼痛消失,至减压终了一切正常。出舱后30 min,左膝关节又出现疼痛,脉搏、呼吸增快,决定重新加压治疗。

舱压加至1 kgf/cm^2,在该压力下停留5 min,症状无明显好转,继续升压至2 kgf/cm^{2}时,病人自觉症状减轻,停止升压。

在2 kgf/cm^{2}压力下停留10 min,疼痛消失,左膝关节仅留有不适酸感,脉搏、呼吸正常。

舱压升到2.1 kgf/cm^2,并在该压力下停留60 min,治疗效果完全满意。按方案 V 规定各停留站减压时间,如 1.8 kgf/cm² 站停留 250 min,1.6 kgf/cm² 站停留 250 min 等减压出舱。

二、治疗肺气压伤

治疗肺气压伤只能使用本表的 III、IV、V 方案。迅速将病人入加压舱,立即升压,在升到 7 kgf/cm² 过程中或在 7 kgf/cm² 压力下停留 15 min 以内,症状消失,则用方案 III 治疗,如果在 7 kgf/cm² 压力下停留 15 min,症状没有消失,舱压升至 10 kgf/cm²,并在该压力下停留 15 min,病情好转,按方案 IV 治疗;若病情无好转,则按方案 V 治疗。

三、呼吸气体

在舱压高至 7~10 kgf/cm² 时,若有条件,舱内人员应呼吸氦氧混合气体。

四、间歇性吸氧

为加强治疗效果,减压至 2 kgf/cm² 下,间歇性给病人呼吸纯氧,吸氧时,若呼出气体直接排入舱内,为防止氧浓度升高(不得超过 25%),应加强通风。

表 18　前苏联海军空气潜水减压病加压治疗表

治疗方案	治疗表压(Mpa)	高压下停留时间(min)	减至第一停留站所需时间(min)	各停留站深度(m)和停留时间(min)（停留站停留时间(min)，各站间减压移行时间均为1min（未记入减压总时间内)）																												减压总时间(h:min)
				81	78	75	72	69	66	63	60	57	54	51	48	45	42	39	36	33	30	27	24	21	18	16	14	12	10	8	6	4	2	
Ⅰ	0.5	15	3																					5	8	15	20	30	40	60	110	180	270	12:49
Ⅱ	0.5	30	5															3	3	5	10	15	20	30	40	70	160	190	210	220	240	270	25:34
Ⅲ	0.7	30	5											3	3	3	5	10	15	20	25	40	60	110	160	180	190	210	220	240	270	30:47
Ⅳ	1.0	15	10										5	5	5	5	10	10	15	20	30	40	90	145	160	170	180	190	210	220	240	270	38:35
Ⅴ	1.0	60	15	20	25	30	35	40	50	60	70	90	100	120	130	150	160	180	180	200	250	300	300	250	270	270	270	270	300	300					85:55

表 19　美国海军空气潜水减压病加压治疗表（使用说明）

美国海军"减压病加压治疗表"最早发表于 1924 年的《美国海军潜水手册》，后经一系列实验进行补充完善，到 1963 年发表在《美国海军潜水手册》的"减压病加压治疗表"已基本定型。该治疗表包括：1、1A、2、2A、3 和 4 等 6 个"表"。严格意义上讲，这 6 个"表"实际上是"减压病加压治疗表"中的六个治疗方案。1965 年 Goodman 及 Workman 又提出了"最低压力吸氧加压治疗表"，美国海军即将此表补充到其"减压病加压治疗表"中去，编为 5、5A、6 和 6A，并于 1970 年版《美国海军潜水手册》中正式颁布。

后经大量实践表明，表中 5、6、6A 等方案已能完全取代 1、2、3（部分吸氧）方案，且疗效更好，所以，现在表中 1、2、3（部分吸氧）已不再使用，故不再列出。为便于叙述，包括以上各方案的治疗表称为美国海军减压病治疗表一。

有的严重病例在用上述表中任一方案都难以取得理想疗效，有的甚至多次复发，将舱压重新升高以致难以"收场"（即无法减压出舱）。为此，美国又相继研制出"美国海军减压病治疗表 7""美国海军减压病治疗表 8"和"美国海军减压病治疗表 9"（在此分别称为美国海军减压病治疗表二、三、四），分别发表于 1992 年出版的《潜水和水下医学》和 1995 年、2001 年出版的《美国海军潜水手册》。

一、治疗表或治疗方案的选择

方案 1A：适用于 Ⅰ 型减压病，其疼痛在加压至 20 m（200 kPa）以浅即消失者。

方案 2A：适用于 Ⅰ 型减压病，其疼痛在加压至 20 m（200 kPa）以深即消失者。

方案 3：适用于 Ⅱ 型减压病和肺气压伤。要求加压速度尽可能快，其症状和体征在 500 kPa 停留 30 min 以内消失者。

方案 4：适用于 Ⅱ 型减压病和肺气压伤。在 180 kPa 首次吸氧时病情恶化者、用方案 3 治疗在 500 kPa 停留 30 min 病情仍不改善者和用方案 6A 治疗病情无改善者。用本方案减压至 180 kPa 时，如具备吸氧条件应尽量安排间歇吸氧。要确保生命保障系统运转正常，舱温低于 29.5 ℃。如果从方案 6A 或方案 3 转入本治疗方案，必须在 500 kPa 停满 120 min 后方可减压。

方案 5：适用于 Ⅰ 型减压病。如果因故需中断吸氧，最长不得超过 15 min。如果中断吸氧的深度在 180 kPa，减压至 90 kPa 时须改用方案 6 完成后续减压过程。

方案 6：适用于 Ⅱ 型减压病以及 Ⅰ 型减压病用方案 1A 治疗疗效不佳者（即在加压至 180 kPa 停留 10 min，疼痛症状不减者）。如果因故中断吸氧，不得超过 15 min。根据病情需要可在 180 kPa 或 90 kPa 再增加两个吸氧周期或分别增加。

方案 6A：适用于 Ⅱ 型减压病和肺气压伤（在 500 kPa 症状明显减轻者）。如果因故中断吸氧,不得超过 15 min。根据病情需要可在 180 kPa 或 90 kPa 再增加两个吸氧周期或分别增加。

美国海军减压病治疗表二：适用于特别严重的减压病和肺气压伤或用表一其他方案（4、6、6A）治疗威胁生命的症状和体征,无明显改善甚至恶化者。舱内氧浓度不得低于 19%，CO_2 最高浓度不得大于相当于常压下的 1.5%（1.5 kPa）,舱温应低于 29.5 ℃。用本方案,必须确保生命保障系统运转正常。

美国海军减压病治疗表三：适用于潜水时从大深度放漂,减压时间不超过 60 min；在使用治疗表二的基础上,因病情需要又进一步加压的。在新的治疗压力下,如需作较长时间停留,可按本表相应深度的最长停留时间停留,然后按本表减压到 180 kPa,至少停 12 h,再按治疗表二减压出舱。

美国海军减压病治疗表四：属于高压氧治疗方案,适用于有动脉气栓或减压病残留症状的病例,也有人建议用此表治疗那些延误治疗的严重减压病患者。

二、加压速率

除治疗表三要尽可能快以外,其他各方案均以 60 kPa/min 的速率加压。

三、减压速率

治疗表一方案 6A 要求,压力超过 180 kPa 时,减压速率不超过 9 kPa/min；在 180 kPa 以浅时,以 3 kPa/min 的速率减压。治疗表二规定站间移行时间为 40 s,治疗表三规定站间移行时间为 30 s。治疗表四规定减压速率既可以为 60 kPa/min,也可以为 3 kPa/min,视具体情况而定。其他方案的减压速率一律为 3 kPa/min。

四、最高压下停留时间

除治疗表一中的方案 1A、2A、3 和 4 以及治疗表三包括加压时间外,其余方案均不包括加压时间。

五、对复发病例的处理

采用治疗表一中治疗压力较低的方案 4、6,主要是高压氧治疗,绝大多数病例可治愈。但按这些方案治疗,也会有一定的复发率。

（一）在加压治疗进程中症状复发者

症状复发后,将舱压再加压到症状消失,但压力不小于 180 kPa,一般不得高于 500 kPa。

如再加压到症状消失的压力小于 180 kPa,则需加到 180 kPa,然后按治疗表一中的方案 6 减压。

如再加压到症状消失的压力大于 180 kPa,要在该压力下停留 30 min,再按治疗表一中的方案 6 减压。

如复发时出现以前没有过的重症症状,应将压力加到 180 kPa,按治疗表一中的方案 6 减压;或将压力加到 500 kPa,按治疗表一中的方案 4 减压。

(二)在加压治疗结束后症状复发者

如有医师在场,病人再进舱,加压到 180 kPa,然后用治疗表一中的方案 6 减压。

如症状消失的压力小于 90 kPa,应将舱压加到 90 kPa,再按治疗表一中的方案 3 减压。

如症状消失的压力大于 90 kPa,要在该压力下停留 30 min,再按治疗表一中的方案 3 减压。

如用治疗表一中的方案 4、6 治疗者,仍可用方案 6 治疗;如用方案 6A 或 3 治疗者,可选用 6、6A 或 4 治疗。

如用治疗表一中的方案 1A、2A 治疗而又有较重症状者,应用方案 3、6 或 4 进行治疗。

如用治疗表一中的方案 6 治疗者,可在原方案的 180 kPa 压力处,额外延长 25 min;也可在 90 kPa 压力处,额外延长 75 min;还可在两处均作延长;或改用方案 6A,同法延长。

如症状消失的压力大于 180 kPa 或症状未能完全消失,甚至有些加重,则应加压到 500 kPa,再按治疗表一中的方案 2A、3 或 4 进行治疗。

表 19-1 美国海军空气潜水减压病加压治疗表一

治疗方案	治疗压力和减压停留站压力(kPa)及停留站停留时间(min)											治疗总时间
	500	420	360	300	240	180	150	120	90	60	30	h:min
1A	—	—	—	30	12	30	30	30	60	60	120	7:52
2A	30	12	12	12	12	30	30	30	120	120	240	13:33
3	30	12	12	12	12	30		30	720	120	120	21:33
4	30~120	30	30	30	30	360	360	360	720	120	120	39:06~40:36
5	—	—	—	—		(20)+5+(20)	(30)	5+(20)+5	(30)			2:15
6	—	—	—	—		[(20)+5]×3	(30)	[15+(60)]×2	(30)			4:45
6A	30	35				[(20)+5]×3	(30)	[15+(60)]×2	(30)			5:50

注:( )内为吸氧时间,其余为吸入空气时间;各停留站间的移行时间计入总时间

表 19-2　美国海军空气潜水减压病加压治疗表二

深度(fsw)	减压速率(fsw/h)	时间间隔(min)
60～40	3	40
40～20	2	60
20～4	1	120

注：到达 12 kPa 后再停留 4 h，然后用 4 min 减至常压

表 19-3　美国海军空气潜水减压病加压治疗表三

深度(fsw)	压力(kPa)	治疗压力下最长停留时间(h)	各站(站/6 kPa)停留时间(min)
225	680	0.5	5
165	500	3	12
140	420	5	15
120	360	8	20
100	300	11	25
80	240	15	30
60	180	不限	40
40	120	不限	60
20	60	不限	120

注：压力大于 500 kPa 时，应呼吸氢氧(O_2：16%～21%)混合气

表 19-4　美国海军空气潜水减压病加压治疗表四

深度(fsw)	压力(kPa)	治疗方案
45	135	[(30)＋5]×2＋(30)

注：减压速率为 20 ft/min，总时间 102 min 15 s

附 录

附录一

中华人民共和国潜水条例

第一章 总则

第一条 为加强潜水行业的管理,规范潜水市场秩序,保障潜水人员的健康和人身安全,促进潜水行业的发展,制定本条例。

第二条 在中华人民共和国管辖水域从事潜水活动,必须遵守本条例。军事、运动、娱乐和单纯以教学为目的潜水除外。

第三条 潜水作为特殊和危险的行业,应遵循依法管理、市场有序、组织严密、安全第一的原则。

第四条 国务院交通主管部门主管全国潜水行业管理工作。其下设立全国性潜水自律性行业协会负责协助主管部门制订推广行业规范、技术标准、安全规则及管理制度,加强本行业与政府、社会之间的沟通,促进国际交流与合作,推动各国潜水资格资质的相互认可及其他具体行业管理工作。

第五条 国务院安全生产监督管理部门和其他有关部门(以下简称为安全监督管理机构),依照《安全生产法》等有关法律、法规的规定,在各自职责范围内对潜水活动实施安全监督管理;县级以上地方各级人民政府安全生产监督管理部门和其他有关部门,依照《安全生产法》等有关法律、法规的规定,在本行政区域范围内对潜水活动实施安全监督管理。

第六条 在通航水域从事可能影响通航安全的潜水活动,应当按照《海上交通安全法》《内河交通安全管理条例》等有关法律、法规的规定,报当地海事管理机构批准或备案。

第七条 县级以上地方各级人民政府应当支持有关部门依法履行潜水安全监督管理职责,对潜水安全监督管理中存在的重大问题应当及时予以协调和处理。

第二章 资质和资格

第八条 任何企业、事业单位及其他经济组织(以下统称潜水从业单位)从事潜水活动应具备下列基本条件：

（一）聘用符合本条例规定的潜水员及其他相关支持人员；

（二）具有符合从业要求的主要设备、装具与器材；

（三）具有实际潜水作业的组织实施能力；

（四）具有保证潜水作业安全所需要的《潜水作业安全手册》和《应急计划》；

（五）申请并获得从业资质；

（六）符合法律、行政法规规定的其他条件。

第九条 潜水培训机构应具备下列条件：

（一）有符合培训主管部门要求的师资力量；

（二）有满足培训需要的基础设施；

（三）有相应的潜水设备、装具和器材；

（四）有符合培训主管部门要求的培训计划和大纲；

（五）有完善的培训管理制度；

（六）申请并获得培训资质；

（七）符合法律、行政法规规定的其他条件。

第十条 潜水员应具备下列条件：

（一）年龄在十八周岁以上、五十五周岁以下,志愿从事潜水行业；

（二）按照《民用作业潜水员体格标准》在国家卫生部门认定的二级以上医疗机构进行体格检查,并经潜水行业协会认可的潜水医生认定体检合格；

（三）在国家承认的潜水专业培训机构系统地完成各类潜水理论及实际潜水操作课程且获得毕业证书或相应的培训证书；

（四）申请并获得中华人民共和国潜水证书；

（五）符合法律、行政法规规定的其他条件。

第十一条 潜水员应持有《潜水员记录簿》,记录潜水经历、事故及医疗情况。《潜水员记录簿》应由潜水监督签署。

第十二条 根据潜水人员的潜水知识、技能水平、组织和管理能力等条件可申请下列资格：

（一）以下人员可以申请实习潜水员资格：

1. 符合《民用作业潜水员体格标准》中规定的体格条件；

2. 在国家认可的潜水培训机构完成规定的理论和实际操作课程；

3. 具有三十次(或三十小时)以上实际潜水经历。

（二）以下人员可以申请空气潜水员资格：

1. 取得实习潜水员资格；

2. 经过十二个月实习期或具有三十次（或三十小时）以上的潜水作业经历。

（三）以下人员可以申请空气潜水监督资格：

1. 取得空气潜水员资格；

2. 完成一百次（或一百小时）的潜水作业；

3. 具有扎实的空气潜水理论知识，通晓各类空气潜水设备和装具的使用及维护，能有效地预防和处理潜水事故；

4. 具有三十天以上的空气潜水监督实习经历。

（四）以下人员可以申请混合气潜水员资格：

1. 取得空气潜水员资格；

2. 具有五十次以上潜水作业经历；

3. 完成混合气潜水理论和实际操作培训；

4. 具有十次以上混合气潜水实习经历。

（五）以下人员可以申请混合气潜水监督资格：

1. 取得混合气潜水员资格；

2. 具有一百五十次以上空气潜水作业或/和混合气潜水作业经历；

3. 具有扎实的混合气潜水理论知识，通晓各类空气和混合气潜水设备、装具的使用及维护，能有效地预防和处理潜水事故；

4. 具有三十天以上混合气潜水监督的实习经历。

（六）以下人员可以申请饱和潜水员资格：

1. 取得混合气潜水员资格；

2. 具有一百次以上空气或/和混合气潜水作业经历；

3. 完成饱和潜水理论和实际操作培训；

4. 具有一次以上的饱和潜水实习经历。

（七）以下人员可以申请饱和潜水监督资格：

1. 取得混合气潜水监督资格；

2. 具有一百天以上混合气潜水监督工作经历；

3. 具有扎实的饱和潜水理论知识，通晓饱和潜水系统、装备、装具的使用及维护，能有效地预防和处理潜水事故；

4. 具有六十天以上饱和潜水监督的实习经历。

（八）以下人员可以申请生命支持员资格：

1. 完成潜水理论和相关潜水医学培训，掌握加压舱操作技术、混合气配制和分析技术、潜水钟和甲板减压舱内环境控制技术；

2. 具有对潜水设备、装具完好性检查的技术和能力,能正确使用各类减压表对潜水员实施减压;

3. 可进行潜水员潜水前一般体格检查、现场急救和潜水病处理;

4. 具有六十天以上生命支持员实习经历。

(九)潜水医生的资格与认定标准由国务院卫生主管部门和交通主管部门另行规定。

第十三条　潜水从业单位、培训机构和人员职业资格、资质的具体办法由国务院交通主管部门和国务院人事主管部门共同制订。

第十四条　以上第八条、第九条、第十条规定的资质和资格应向潜水行业协会申请。潜水行业协会应在自受理申请之日起20日内,按照本条例规定进行评审,评审的结果应书面通知申请人。

第十五条　对国外潜水机构资质和潜水人员资格的认可办法,由国务院交通主管部门另行制订。

第三章　潜水医务保障

第十六条　潜水员每年应在国家卫生部门认定的二级以上医疗机构进行年度体检,经潜水行业协会认可的潜水医生认定体检合格与否并填入潜水员记录簿,体检结论有效期为十二个月。

第十七条　潜水从业单位应视潜水作业复杂程度,聘请经过专门训练并取得专业资格的潜水医生或与其保持不间断的联系,以防止在潜水过程中发生疾病和对潜水作业中受伤潜水员进行必要的救治,并负责潜水员潜水前的一般检查和治疗,提出是否适合潜水的意见,从业单位或潜水监督应根据潜水医生意见对潜水员安排适当的潜水任务或暂停潜水。

第十八条　进行饱和潜水作业时,潜水作业队成员中应有潜水医生。潜水医生必须具有在紧急情况下进入压力环境内进行治疗或守护病员的体格条件。

第十九条　潜水从业单位不得聘用和允许无健康证明或持失效健康证明的潜水员进行潜水。

第二十条　潜水员三十天内无实际潜水作业的应进行加压锻炼或潜水训练并作相应的记录。

第四章　潜水设备和装具

第二十一条　潜水设备和装具必须通过具有法定资格的专业机构检验合格。潜水钟、饱和居住舱、高压气瓶等特种设备,应当按照《特种设备安全监察条例》的规定,由国务院特种设备安全监督管理部门许可的单位制造,并由其核准的检验机构监督检验。任何从业单位均不得非法使用无合格证书或报废的潜水设备和装具。

第二十二条　在船舶和海上设施上安装潜水设备,应确保其稳固性和统一性,并应经过具有法定资格的船检机构的检验和认可。

第二十三条　与潜水设备和装具配套的仪器仪表、安全阀和计时器等均须保持精确完好,并定期校验,保持正常状态。其中属于计量器具的,应当依法进行计量检定,检定合格后方可使用。

第二十四条　潜水从业单位应定期检测潜水设备和装具,在使用前后均应作例行检查。潜水设备的改进、修理、试验或保养后应进行检测。上述检测结果应作相应的记录并存入技术档案。

第二十五条　潜水供气系统应按照国家标准定期进行测试,其中气体储量、质量、压力、温度以及流量等,均须足以保证潜水作业、应急供气以及潜水疾病治疗的需要。

第二十六条　潜水通讯系统应具有双向通话功能,其清晰度和稳定性应保证水面与水下潜水员的联系畅通无阻。采取其他的联络方法时应保证准确无误。

第二十七条　潜水员供气管、信号绳以及相关索具、工具等的强度、耐磨性、阻力等必须符合相关标准和要求。

第五章　潜水作业

第二十八条　根据水下作业需要,潜水员应进行理论与实际操作的专业培训并应获得相应的专业资格证书。

第二十九条　在通航水域实施潜水,须事前向当地海事管理机构提出申请,海事管理机构应在 20 日内作出批准或不批准的决定,并书面通知申请人。未经批准不得擅自在通航水域进行潜水。遇有应急抢险救捞时,作业人可以根据有关法律法规的规定边申请边施工。

第三十条　潜水从业单位实施作业前须指定潜水作业项目主管,并聘任潜水监督具体组织实施潜水作业。

第三十一条　潜水从业单位应根据不同潜水方式,组成潜水作业队。自携式潜水不得少于三人,其中潜水员不少于二名;水面供气空气潜水不得少于五人,其中潜水员不少于三名;混合气潜水不得少于七人,其中潜水员不少于四名;饱和潜水不得少于十人,其中潜水员不少于六名。

第三十二条　潜水从业单位应保留经潜水监督签署的详细潜水作业记录,保存期不得少于五年。该记录包括培训情况、潜水作业计划和报告、事故报告、安全措施以及减压和医疗记录等。

第三十三条　实施潜水作业时,必须遵循下列规定:

(一)水深大于四十米不得进行空气自携式潜水。

(二)潜水深度大于二十四米或减压时间超过二十分钟、在水下不能安全减压时,潜水现场应备有可使用的加压舱。

(三)水流速度超过每秒零点五米或在密闭或身体受到限制的空间或悬浮作业时,应有水下照料潜水员在水下指定的位置待命。水流速度超过每秒零点六米时,未采取有效的安全防护措施,不得潜水。

(四)各类潜水作业均应系带信号绳。使用自携式潜水装具进行结伴潜水可除外。

(五)各类潜水现场应指定预备潜水员待命,需要时可随时潜入水中,进行水下援救。

(六)除着通风式装具外,潜水员应配备应急气源,且性能良好,储气充足。

第三十四条　采用水面供气方式实施空气潜水时,必须遵循下列规定:

(一)潜水深度不得大于六十米。

(二)在水下减压时间大于一百二十分钟时,除着通风式装具或在身体受空间限制的潜水作业外,应使用潜水吊笼(减压架)或潜水钟。

(三)潜水员完成减压后二十四小时内不得远离减压舱,特殊情况下需搭乘飞行器时,应有潜水医生指导。

第三十五条　采用混合气潜水时必须遵循下列规定:

(一)潜水现场必须备有可使用的减压舱。

(二)潜水应使用吊笼(减压架)或潜水钟;在使用闭式潜水钟时,钟内必须有一名照料潜水员。

(三)潜水员完成减压后二十四小时内不得远离减压舱,特殊情况下需搭乘飞行器时,应有潜水医生指导。

第三十六条　实施饱和潜水作业必须经过周密和充分的准备,对饱和潜水系统的各个分系统及所有设备、装具、供排气管路等进行检测和调试,并确认符合要求。

(一)饱和潜水作业应由饱和潜水监督组织实施。

(二)饱和潜水作业期间,须制定完整的应急预案,包括火灾、失去动力、联络障碍、水下居住舱进水、潜水员意外浮出水面、外伤、失踪、巡潜后的减压病、呼吸气体中断等紧急处理与急救措施。

(三)潜水任务和巡潜计划应符合安全规则、设备、深度和巡潜极限。

(四)从闭式钟离开潜水站到潜水员返回饱和环境期间,应指定一名预备潜水员,且潜水站上应有足够数量潜水员和生命支持员,能在必要时帮助回收闭式钟或钟内潜水员。

（五）遵守饱和居住舱内的潜水员生活制度，减少或避免易发疾病；采取相应措施使潜水员热量损失减到最低程度。

（六）尽力防止火灾、气体污染或其他有损潜水员健康和安全的事故发生。严格控制饱和居住舱内的环境参数。

（七）饱和潜水员完成减压后七十二小时内不得远离减压舱，特殊情况需要搭乘飞行器时，应由潜水医生指导。

（八）饱和潜水作业期间，应准确使用《核对清单》，防止步骤疏漏或不按程序操作而造成危险。

第六章 安全及应急措施

第三十七条 潜水员应接受自救互救、消防、危险情况处置以及船舶、潜水设备、装具等专业安全课程训练，并获得相应的安全操作证书。

第三十八条 潜水从业单位应制订潜水作业规程和潜水安全操作程序、潜水设备核对检查清单和设备使用说明等内容，供项目主管和潜水人员随时查阅。

第三十九条 潜水现场应备有适合于潜水作业的急救箱和相应的急救器具。

第四十条 潜水监督应及时组织排除潜水现场水下及附近的任何异常、危险或不安全因素，否则不得实施潜水作业。

第四十一条 在可航水域应在潜水现场三米以上高处悬挂潜水信号旗，夜间作业时必须打开信号灯。

第四十二条 严格控制潜水作业周期，非饱和潜水员在二十四小时内，工作时间不得超过十二小时，其中水下工作时间不得超过三小时，并保证至少有八小时的不间断休息时间。在饱和潜水中，潜水员在潜水钟内的停留时间不应超过八小时，每天出潜总时间不应超过六小时，并应保证有至少十二小时的不间断休息时间；不允许潜水员在饱和期间从一个居住舱到另一个居住舱随意移动。饱和潜水员在饱和环境下持续停留时间一般不应超过二十八天，经二十八天的常压下休息后方可再度进行饱和潜水，完成饱和潜水的潜水员至少七十二小时后方允许进行需要减压的非饱和潜水。

第四十三条 任何方式的潜水，必须正确选择和严格执行减压方案，严防错误操作，不得疏忽失职；潜水员必须熟悉潜水系统、设备及装具的操作和应急程序。

第四十四条 在航行和移动中的船舶或海上设施上禁止潜水。潜水员自感不适或因其他理由认为不宜潜水或不宜在水下继续停留时，应及时向潜水监督报告。

第七章　安全监督和事故调查处理

第四十五条　本条例第五条规定的潜水安全监督管理机构依法对潜水从业单位的执业资质及其船舶、设备、人员的资格进行检查，任何从业单位或个人不得拒绝或者阻挠。潜水安全监督管理机构的工作人员依照本条例实施监督检查时，应当按规定着装，并出示执法证件，表明身份。

第四十六条　发生潜水事故后，有关潜水从业单位必须立即向其主管部门和潜水安全监督管理机构报告；潜水安全监督管理机构应派员前往现场进行调查取证，调查取证应当全面客观公正。

第四十七条　有关人员接受事故调查时，应当如实提供有关情况和证据，不得谎报或者隐匿、毁灭证据；潜水安全监督管理机构在调查取证结束后三十天内依据调查事实和证据作出调查结论，并书面通知潜水事故当事人。

第四十八条　发生潜水事故的潜水从业单位应当依据调查结论及时总结经验教训并采取整改措施，以防类似事故发生。

第四十九条　潜水从业单位、培训机构和人员对处罚决定不服的，可以在接到处罚通知之日起15天内，向人民法院起诉；期满不起诉又不履行的，由主管机关申请人民法院强制执行。

第八章　法律责任

第五十条　违反本条例的规定，使用应当报废的船舶、潜水设备、装具进行潜水作业的，由潜水安全监督管理机构责令停止作业，并对船舶设备、装具强制报废。

第五十一条　违反本条例的规定，潜水从业单位的船舶、潜水设备或装具无合格的检验证书、登记证书或相关文件资料，擅自作业的，由潜水安全监督管理机构责令停止潜水作业，限期整改。拒不停止作业且情节严重的，对船舶、潜水设备及装具所有人或经营者处一万元以上五万元以下的罚款。

第五十二条　违反本条例的规定，无潜水证书或持过期、冒用、伪造潜水证书从事潜水作业的，由潜水安全监督管理机构处当事人五千元以上一万元以下的罚款并处当事潜水从业单位二万元以上三万元以下罚款，情节严重的吊销其执业资质。

第五十三条　违反本条例的规定，船舶、潜水设备不具备安全技术条件而从事潜水作业的并造成重大伤亡或严重后果构成犯罪的，依法追究刑事责任。

第九章 附 则

第五十四条 本条例下列用语之含义

（一）中华人民共和国管辖水域 指中华人民共和国的内河、领海、毗连区、专属经济区、大陆架以及中华人民共和国管理的其他天然和人工水域。

（二）潜水 人在水下或高压环境中，呼吸与环境压力相等的压缩空气或人工混合气，最后返回水面或常压环境的过程。

（三）潜水员 从事潜水工作的专业人员，一般特指使用个人装具直接潜水的人员。按规定经医学检查确认身体合格，并经专业知识和技能训练获得资格证书。

（四）潜水深度 潜水作业中潜水员所达到的最大深度，单位以米计。

（五）潜水方式 采用自携式水下呼吸器、水面供应空气或混合气装具、以及饱和潜水系统，连同相关程序和技术的一种潜水模式。

（六）潜水装具 潜水员个人用以解决呼吸、保暖和作业所穿戴的服装及佩挂的全部物件。

（七）潜水设备 应用于潜水作业一切设备。

（八）潜水钟 一种可在水下或水下作业场所之间往返运送潜水员或用于潜水作业时潜水员临时栖息可加压的（闭式）或不可加压的（开式）钟型舱室。

（九）潜水监督 由潜水从业单位书面任命，负责组织和指挥潜水队进行潜水和水下作业的潜水负责人。

（十）项目主管 由潜水从业单位书面任命，对该单位承接的潜水作业任务负责的全权项目负责人。

（十一）生命支持员 为潜水员提供一个安全、舒适的生活环境，以保证其正常工作的设备系统操控人员，多见于饱和潜水作业。

（十二）潜水吊笼 一种在水面和水中作业地点之间往返运送潜水员的轻构架的笼子（也称减压架或潜水架）。

（十三）脐带 潜水钟、系缆潜水器或水下居住舱等从潜水站获得电能、联络信号、气体和热水的软管束。

（十四）饱和居住舱 备有生活设施，供饱和潜水员居住的潜水压力舱。

（十五）潜水员记录簿 详细记录潜水作业单位名称、地址、日期、潜水地点、潜水监督姓名、潜水深度、时间、类型、使用设备和呼吸气体、工作性质、工作量和个人作用、现场环境、减压表及减压方案、减压病、潜水事故和备注等的记录簿，最后应由潜水监督和潜水员签名。

（十六）潜水作业规程 对潜水作业、潜水人员、潜水装备的较具体的技术要求和规定。

（十七）核对清单　潜水时,检查设备和装具等各细节准备情况的系列检查表,应按顺序逐一检查并记录。

第五十五条　依据本条例,国务院交通主管部门应制定实施细则和完善各类潜水安全规则、技术标准。

第五十六条　本条例自颁布之日起施行。

附录二

中华人民共和国海上交通安全法

（1983年9月2日第六届全国人民代表大会常务委员会第二次会议通过 根据2016年11月7日第十二届全国人民代表大会常务委员会第二十四次会议《关于修改〈中华人民共和国对外贸易法〉等十二部法律的决定》修正 2021年4月29日第十三届全国人民代表大会常务委员会第二十八次会议修订）

第一章 总则

第一条 为了加强海上交通管理，维护海上交通秩序，保障生命财产安全，维护国家权益，制定本法。

第二条 在中华人民共和国管辖海域内从事航行、停泊、作业以及其他与海上交通安全相关的活动，适用本法。

第三条 国家依法保障交通用海。

海上交通安全工作坚持安全第一、预防为主、便利通行、依法管理的原则，保障海上交通安全、有序、畅通。

第四条 国务院交通运输主管部门主管全国海上交通安全工作。

国家海事管理机构统一负责海上交通安全监督管理工作，其他各级海事管理机构按照职责具体负责辖区内的海上交通安全监督管理工作。

第五条 各级人民政府及有关部门应当支持海上交通安全工作，加强海上交通安全的宣传教育，提高全社会的海上交通安全意识。

第六条 国家依法保障船员的劳动安全和职业健康，维护船员的合法权益。

第七条 从事船舶、海上设施航行、停泊、作业以及其他与海上交通相关活动的单位、个人，应当遵守有关海上交通安全的法律、行政法规、规章以及强制性标准和技术规范；依法享有获得航海保障和海上救助的权利，承担维护海上交通安全和保护海洋生态环境的义务。

第八条　国家鼓励和支持先进科学技术在海上交通安全工作中的应用,促进海上交通安全现代化建设,提高海上交通安全科学技术水平。

第二章　船舶、海上设施和船员

第九条　中国籍船舶、在中华人民共和国管辖海域设置的海上设施、船运集装箱,以及国家海事管理机构确定的关系海上交通安全的重要船用设备、部件和材料,应当符合有关法律、行政法规、规章以及强制性标准和技术规范的要求,经船舶检验机构检验合格,取得相应证书、文书。证书、文书的清单由国家海事管理机构制定并公布。

设立船舶检验机构应当经国家海事管理机构许可。船舶检验机构设立条件、程序及其管理等依照有关船舶检验的法律、行政法规的规定执行。

持有相关证书、文书的单位应当按照规定的用途使用船舶、海上设施、船运集装箱以及重要船用设备、部件和材料,并应当依法定期进行安全技术检验。

第十条　船舶依照有关船舶登记的法律、行政法规的规定向海事管理机构申请船舶国籍登记、取得国籍证书后,方可悬挂中华人民共和国国旗航行、停泊、作业。

中国籍船舶灭失或者报废的,船舶所有人应当在国务院交通运输主管部门规定的期限内申请办理注销国籍登记;船舶所有人逾期不申请注销国籍登记的,海事管理机构可以发布关于拟强制注销船舶国籍登记的公告。船舶所有人自公告发布之日起六十日内未提出异议的,海事管理机构可以注销该船舶的国籍登记。

第十一条　中国籍船舶所有人、经营人或者管理人应当建立并运行安全营运和防治船舶污染管理体系。

海事管理机构经对前款规定的管理体系审核合格的,发给符合证明和相应的船舶安全管理证书。

第十二条　中国籍国际航行船舶的所有人、经营人或者管理人应当依照国务院交通运输主管部门的规定建立船舶保安制度,制定船舶保安计划,并按照船舶保安计划配备船舶保安设备,定期开展演练。

第十三条　中国籍船员和海上设施上的工作人员应当接受海上交通安全以及相应岗位的专业教育、培训。

中国籍船员应当依照有关船员管理的法律、行政法规的规定向海事管理机构申请取得船员适任证书,并取得健康证明。

外国籍船员在中国籍船舶上工作的,按照有关船员管理的法律、行政法规的规定执行。

船员在船舶上工作,应当符合船员适任证书载明的船舶、航区、职务的范围。

第十四条　中国籍船舶的所有人、经营人或者管理人应当为其国际航行船舶向海事管理机构申请取得海事劳工证书。船舶取得海事劳工证书应当符合下列条件:

(一)所有人、经营人或者管理人依法招用船员,与其签订劳动合同或者就业协议,并为船舶配备符合要求的船员;

(二)所有人、经营人或者管理人已保障船员在船舶上的工作环境、职业健康保障和安全防护、工作和休息时间、工资报酬、生活条件、医疗条件、社会保险等符合国家有关规定;

(三)所有人、经营人或者管理人已建立符合要求的船员投诉和处理机制;

(四)所有人、经营人或者管理人已就船员遣返费用以及在船就业期间发生伤害、疾病或者死亡依法应当支付的费用提供相应的财务担保或者投保相应的保险。

海事管理机构商人力资源社会保障行政部门,按照各自职责对申请人及其船舶是否符合前款规定条件进行审核。经审核符合规定条件的,海事管理机构应当自受理申请之日起十个工作日内颁发海事劳工证书;不符合规定条件的,海事管理机构应当告知申请人并说明理由。

海事劳工证书颁发及监督检查的具体办法由国务院交通运输主管部门会同国务院人力资源社会保障行政部门制定并公布。

第十五条　海事管理机构依照有关船员管理的法律、行政法规的规定,对单位从事海船船员培训业务进行管理。

第十六条　国务院交通运输主管部门和其他有关部门、有关县级以上地方人民政府应当建立健全船员境外突发事件预警和应急处置机制,制定船员境外突发事件应急预案。

船员境外突发事件应急处置由船员派出单位所在地的省、自治区、直辖市人民政府负责,船员户籍所在地的省、自治区、直辖市人民政府予以配合。

中华人民共和国驻外国使馆、领馆和相关海事管理机构应当协助处置船员境外突发事件。

第十七条　本章第九条至第十二条、第十四条规定适用的船舶范围由有关法律、行政法规具体规定,或者由国务院交通运输主管部门拟定并报国务院批准后公布。

第三章　海上交通条件和航行保障

第十八条　国务院交通运输主管部门统筹规划和管理海上交通资源,促进海上交通资源的合理开发和有效利用。

海上交通资源规划应当符合国土空间规划。

第十九条 海事管理机构根据海域的自然状况、海上交通状况以及海上交通安全管理的需要，划定、调整并及时公布船舶定线区、船舶报告区、交通管制区、禁航区、安全作业区和港外锚地等海上交通功能区域。

海事管理机构划定或者调整船舶定线区、港外锚地以及对其他海洋功能区域或者用海活动造成影响的安全作业区，应当征求渔业渔政、生态环境、自然资源等有关部门的意见。为了军事需要划定、调整禁航区的，由负责划定、调整禁航区的军事机关作出决定，海事管理机构予以公布。

第二十条 建设海洋工程、海岸工程影响海上交通安全的，应当根据情况配备防止船舶碰撞的设施、设备并设置专用航标。

第二十一条 国家建立完善船舶定位、导航、授时、通信和远程监测等海上交通支持服务系统，为船舶、海上设施提供信息服务。

第二十二条 任何单位、个人不得损坏海上交通支持服务系统或者妨碍其工作效能。建设建筑物、构筑物，使用设施设备可能影响海上交通支持服务系统正常使用的，建设单位、所有人或者使用人应当与相关海上交通支持服务系统的管理单位协商，作出妥善安排。

第二十三条 国务院交通运输主管部门应当采取必要的措施，保障海上交通安全无线电通信设施的合理布局和有效覆盖，规划本系统（行业）海上无线电台（站）的建设布局和台址，核发船舶制式无线电台执照及电台识别码。

国务院交通运输主管部门组织本系统（行业）的海上无线电监测系统建设并对其无线电信号实施监测，会同国家无线电管理机构维护海上无线电波秩序。

第二十四条 船舶在中华人民共和国管辖海域内通信需要使用岸基无线电台（站）转接的，应当通过依法设置的境内海岸无线电台（站）或者卫星关口站进行转接。

承担无线电通信任务的船员和岸基无线电台（站）的工作人员应当遵守海上无线电通信规则，保持海上交通安全通信频道的值守和畅通，不得使用海上交通安全通信频率交流与海上交通安全无关的内容。

任何单位、个人不得违反国家有关规定使用无线电台识别码，影响海上搜救的身份识别。

第二十五条 天文、气象、海洋等有关单位应当及时预报、播发和提供航海天文、世界时、海洋气象、海浪、海流、潮汐、冰情等信息。

第二十六条 国务院交通运输主管部门统一布局、建设和管理公用航标。海洋工程、海岸工程的建设单位、所有人或者经营人需要设置、撤除专用航标，移动专用航标位置或者改变航标灯光、功率等的,应当报经海事管理机构同意。需要设置临时航标的,应当符合海事管理机构确定的航标设置点。

自然资源主管部门依法保障航标设施和装置的用地、用海、用岛,并依法为其办理有关手续。

航标的建设、维护、保养应当符合有关强制性标准和技术规范的要求。航标维护单位和专用航标的所有人应当对航标进行巡查和维护保养,保证航标处于良好适用状态。航标发生位移、损坏、灭失的,航标维护单位或者专用航标的所有人应当及时予以恢复。

第二十七条　任何单位、个人发现下列情形之一的,应当立即向海事管理机构报告;涉及航道管理机构职责或者专用航标的,海事管理机构应当及时通报航道管理机构或者专用航标的所有人:

(一)助航标志或者导航设施位移、损坏、灭失;

(二)有妨碍海上交通安全的沉没物、漂浮物、搁浅物或者其他碍航物;

(三)其他妨碍海上交通安全的异常情况。

第二十八条　海事管理机构应当依据海上交通安全管理的需要,就具有紧迫性、危险性的情况发布航行警告,就其他影响海上交通安全的情况发布航行通告。

海事管理机构应当将航行警告、航行通告,以及船舶定线区的划定、调整情况通报海军航海保证部门,并及时提供有关资料。

第二十九条　海事管理机构应当及时向船舶、海上设施播发海上交通安全信息。

船舶、海上设施在定线区、交通管制区或者通航船舶密集的区域航行、停泊、作业时,海事管理机构应当根据其请求提供相应的安全信息服务。

第三十条　下列船舶在国务院交通运输主管部门划定的引航区内航行、停泊或者移泊的,应当向引航机构申请引航:

(一)外国籍船舶,但国务院交通运输主管部门经报国务院批准后规定可以免除的除外;

(二)核动力船舶、载运放射性物质的船舶、超大型油轮;

(三)可能危及港口安全的散装液化气船、散装危险化学品船;

(四)长、宽、高接近相应航道通航条件限值的船舶。

前款第三项、第四项船舶的具体标准,由有关海事管理机构根据港口实际情况制定并公布。

船舶自愿申请引航的,引航机构应当提供引航服务。

第三十一条　引航机构应当及时派遣具有相应能力、经验的引航员为船舶提供引航服务。

引航员应当根据引航机构的指派,在规定的水域登离被引领船舶,安全谨慎地执行船舶引航任务。被引领船舶应当配备符合规定的登离装置,并保障引航员在登离船舶及在船上引航期间的安全。

引航员引领船舶时,不解除船长指挥和管理船舶的责任。

第三十二条　国务院交通运输主管部门根据船舶、海上设施和港口面临的保安威胁情形,确定并及时发布保安等级。船舶、海上设施和港口应当根据保安等级采取相应的保安措施。

第四章　航行、停泊、作业

第三十三条　船舶航行、停泊、作业,应当持有有效的船舶国籍证书及其他法定证书、文书,配备依照有关规定出版的航海图书资料,悬挂相关国家、地区或者组织的旗帜,标明船名、船舶识别号、船籍港、载重线标志。

船舶应当满足最低安全配员要求,配备持有合格有效证书的船员。

海上设施停泊、作业,应当持有法定证书、文书,并按规定配备掌握避碰、信号、通信、消防、救生等专业技能的人员。

第三十四条　船长应当在船舶开航前检查并在开航时确认船员适任、船舶适航、货物适载,并了解气象和海况信息以及海事管理机构发布的航行通告、航行警告及其他警示信息,落实相应的应急措施,不得冒险开航。

船舶所有人、经营人或者管理人不得指使、强令船员违章冒险操作、作业。

第三十五条　船舶应当在其船舶检验证书载明的航区内航行、停泊、作业。

船舶航行、停泊、作业时,应当遵守相关航行规则,按照有关规定显示信号、悬挂标志,保持足够的富余水深。

第三十六条　船舶在航行中应当按照有关规定开启船舶的自动识别、航行数据记录、远程识别和跟踪、通信等与航行安全、保安、防治污染相关的装置,并持续进行显示和记录。

任何单位、个人不得拆封、拆解、初始化、再设置航行数据记录装置或者读取其记录的信息,但法律、行政法规另有规定的除外。

第三十七条　船舶应当配备航海日志、轮机日志、无线电记录簿等航行记录,按照有关规定全面、真实、及时记录涉及海上交通安全的船舶操作以及船舶航行、停泊、作业中的重要事件,并妥善保管相关记录簿。

第三十八条　船长负责管理和指挥船舶。在保障海上生命安全、船舶保安和防治船舶污染方面,船长有权独立作出决定。

船长应当采取必要的措施,保护船舶、在船人员、船舶航行文件、货物以及其他财产的安全。船长在其职权范围内发布的命令,船员、乘客及其他在船人员应当执行。

第三十九条　为了保障船舶和在船人员的安全，船长有权在职责范围内对涉嫌在船上进行违法犯罪活动的人员采取禁闭或者其他必要的限制措施，并防止其隐匿、毁灭、伪造证据。

船长采取前款措施，应当制作案情报告书，由其和两名以上在船人员签字。中国籍船舶抵达我国港口后，应当及时将相关人员移送有关主管部门。

第四十条　发现在船人员患有或者疑似患有严重威胁他人健康的传染病的，船长应当立即启动相应的应急预案，在职责范围内对相关人员采取必要的隔离措施，并及时报告有关主管部门。

第四十一条　船长在航行中死亡或者因故不能履行职责的，应当由驾驶员中职务最高的人代理船长职务；船舶在下一个港口开航前，其所有人、经营人或者管理人应当指派新船长接任。

第四十二条　船员应当按照有关航行、值班的规章制度和操作规程以及船长的指令操纵、管理船舶，保持安全值班，不得擅离职守。船员履行在船值班职责前和值班期间，不得摄入可能影响安全值班的食品、药品或者其他物品。

第四十三条　船舶进出港口、锚地或者通过桥区水域、海峡、狭水道、重要渔业水域、通航船舶密集的区域、船舶定线区、交通管制区，应当加强瞭望、保持安全航速，并遵守前述区域的特殊航行规则。

前款所称重要渔业水域由国务院渔业渔政主管部门征求国务院交通运输主管部门意见后划定并公布。

船舶穿越航道不得妨碍航道内船舶的正常航行，不得抢越他船船艏。超过桥梁通航尺度的船舶禁止进入桥区水域。

第四十四条　船舶不得违反规定进入或者穿越禁航区。

船舶进出船舶报告区，应当向海事管理机构报告船位和动态信息。

在安全作业区、港外锚地范围内，禁止从事养殖、种植、捕捞以及其他影响海上交通安全的作业或者活动。

第四十五条　船舶载运或者拖带超长、超高、超宽、半潜的船舶、海上设施或者其他物体航行，应当采取拖拽部位加强、护航等特殊的安全保障措施，在开航前向海事管理机构报告航行计划，并按有关规定显示信号、悬挂标志；拖带移动式平台、浮船坞等大型海上设施的，还应当依法交验船舶检验机构出具的拖航检验证书。

第四十六条　国际航行船舶进出口岸，应当依法向海事管理机构申请许可并接受海事管理机构及其他口岸查验机构的监督检查。海事管理机构应当自受理申请之日起五个工作日内作出许可或者不予许可的决定。

外国籍船舶临时进入非对外开放水域，应当依照国务院关于船舶进出口岸的规定取得许可。

国内航行船舶进出港口、港外装卸站,应当向海事管理机构报告船舶的航次计划、适航状态、船员配备和客货载运等情况。

第四十七条　船舶应当在符合安全条件的码头、泊位、装卸站、锚地、安全作业区停泊。船舶停泊不得危及其他船舶、海上设施的安全。

船舶进出港口、港外装卸站,应当符合靠泊条件和关于潮汐、气象、海况等航行条件的要求。

超长、超高、超宽的船舶或者操纵能力受到限制的船舶进出港口、港外装卸站可能影响海上交通安全的,海事管理机构应当对船舶进出港安全条件进行核查,并可以要求船舶采取加配拖轮、乘潮进港等相应的安全措施。

第四十八条　在中华人民共和国管辖海域内进行施工作业,应当经海事管理机构许可,并核定相应安全作业区。取得海上施工作业许可,应当符合下列条件:

(一)施工作业的单位、人员、船舶、设施符合安全航行、停泊、作业的要求;

(二)有施工作业方案;

(三)有符合海上交通安全和防治船舶污染海洋环境要求的保障措施、应急预案和责任制度。

从事施工作业的船舶应当在核定的安全作业区内作业,并落实海上交通安全管理措施。其他无关船舶、海上设施不得进入安全作业区。

在港口水域内进行采掘、爆破等可能危及港口安全的作业,适用港口管理的法律规定。

第四十九条　从事体育、娱乐、演练、试航、科学观测等水上水下活动,应当遵守海上交通安全管理规定;可能影响海上交通安全的,应当提前十个工作日将活动涉及的海域范围报告海事管理机构。

第五十条　海上施工作业或者水上水下活动结束后,有关单位、个人应当及时消除可能妨碍海上交通安全的隐患。

第五十一条　碍航物的所有人、经营人或者管理人应当按照有关强制性标准和技术规范的要求及时设置警示标志,向海事管理机构报告碍航物的名称、形状、尺寸、位置和深度,并在海事管理机构限定的期限内打捞清除。碍航物的所有人放弃所有权的,不免除其打捞清除义务。

不能确定碍航物的所有人、经营人或者管理人的,海事管理机构应当组织设置标志、打捞或者采取相应措施,发生的费用纳入部门预算。

第五十二条　有下列情形之一,对海上交通安全有较大影响的,海事管理机构应当根据具体情况采取停航、限速或者划定交通管制区等相应交通管制措施并向社会公告:

(一)天气、海况恶劣;

（二）发生影响航行的海上险情或者海上交通事故；
（三）进行军事训练、演习或者其他相关活动；
（四）开展大型水上水下活动；
（五）特定海域通航密度接近饱和；
（六）其他对海上交通安全有较大影响的情形。

第五十三条　国务院交通运输主管部门为维护海上交通安全、保护海洋环境，可以会同有关主管部门采取必要措施，防止和制止外国籍船舶在领海的非无害通过。

第五十四条　下列外国籍船舶进出中华人民共和国领海，应当向海事管理机构报告：

（一）潜水器；
（二）核动力船舶；
（三）载运放射性物质或者其他有毒有害物质的船舶；
（四）法律、行政法规或者国务院规定的可能危及中华人民共和国海上交通安全的其他船舶。

前款规定的船舶通过中华人民共和国领海，应当持有有关证书，采取符合中华人民共和国法律、行政法规和规章规定的特别预防措施，并接受海事管理机构的指令和监督。

第五十五条　除依照本法规定获得进入口岸许可外，外国籍船舶不得进入中华人民共和国内水；但是，因人员病急、机件故障、遇难、避风等紧急情况未及获得许可的可以进入。

外国籍船舶因前款规定的紧急情况进入中华人民共和国内水的，应当在进入的同时向海事管理机构紧急报告，接受海事管理机构的指令和监督。海事管理机构应当及时通报管辖海域的海警机构、就近的出入境边防检查机关和当地公安机关、海关等其他主管部门。

第五十六条　中华人民共和国军用船舶执行军事任务、公务船舶执行公务，遇有紧急情况，在保证海上交通安全的前提下，可以不受航行、停泊、作业有关规则的限制。

第五章　海上客货运输安全

第五十七条　除进行抢险或者生命救助外，客船应当按照船舶检验证书核定的载客定额载运乘客，货船载运货物应当符合船舶检验证书核定的载重线和载货种类，不得载运乘客。

第五十八条　客船载运乘客不得同时载运危险货物。

乘客不得随身携带或者在行李中夹带法律、行政法规或者国务院交通运输主管部门规定的危险物品。

第五十九条　客船应当在显著位置向乘客明示安全须知,设置安全标志和警示,并向乘客介绍救生用具的使用方法以及在紧急情况下应当采取的应急措施。乘客应当遵守安全乘船要求。

第六十条　海上渡口所在地的县级以上地方人民政府应当建立健全渡口安全管理责任制,制定海上渡口的安全管理办法,监督、指导海上渡口经营者落实安全主体责任,维护渡运秩序,保障渡运安全。

海上渡口的渡运线路由渡口所在地的县级以上地方人民政府交通运输主管部门会同海事管理机构划定。渡船应当按照划定的线路安全渡运。

遇有恶劣天气、海况,县级以上地方人民政府或者其指定的部门应当发布停止渡运的公告。

第六十一条　船舶载运货物,应当按照有关法律、行政法规、规章以及强制性标准和技术规范的要求安全装卸、积载、隔离、系固和管理。

第六十二条　船舶载运危险货物,应当持有有效的危险货物适装证书,并根据危险货物的特性和应急措施的要求,编制危险货物应急处置预案,配备相应的消防、应急设备和器材。

第六十三条　托运人托运危险货物,应当将其正式名称、危险性质以及应当采取的防护措施通知承运人,并按照有关法律、行政法规、规章以及强制性标准和技术规范的要求妥善包装,设置明显的危险品标志和标签。

托运人不得在托运的普通货物中夹带危险货物或者将危险货物谎报为普通货物托运。

托运人托运的货物为国际海上危险货物运输规则和国家危险货物品名表上未列明但具有危险特性的货物的,托运人还应当提交有关专业机构出具的表明该货物危险特性以及应当采取的防护措施等情况的文件。

货物危险特性的判断标准由国家海事管理机构制定并公布。

第六十四条　船舶载运危险货物进出港口,应当符合下列条件,经海事管理机构许可,并向海事管理机构报告进出港口和停留的时间等事项:

(一)所载运的危险货物符合海上安全运输要求;

(二)船舶的装载符合所持有的证书、文书的要求;

(三)拟靠泊或者进行危险货物装卸作业的港口、码头、泊位具备有关法律、行政法规规定的危险货物作业经营资质。

海事管理机构应当自收到申请之时起二十四小时内作出许可或者不予许可的决定。

定船舶、定航线并且定货种的船舶可以申请办理一定期限内多次进出港口许可,期限不超过三十日。海事管理机构应当自收到申请之日起五个工作日内作出许可或者不予许可的决定。

海事管理机构予以许可的,应当通报港口行政管理部门。

第六十五条　船舶、海上设施从事危险货物运输或者装卸、过驳作业,应当编制作业方案,遵守有关强制性标准和安全作业操作规程,采取必要的预防措施,防止发生安全事故。

在港口水域外从事散装液体危险货物过驳作业的,还应当符合下列条件,经海事管理机构许可并核定安全作业区:

（一）拟进行过驳作业的船舶或者海上设施符合海上交通安全与防治船舶污染海洋环境的要求;

（二）拟过驳的货物符合安全过驳要求;

（三）参加过驳作业的人员具备法律、行政法规规定的过驳作业能力;

（四）拟作业水域及其底质、周边环境适宜开展过驳作业;

（五）过驳作业对海洋资源以及附近的军事目标、重要民用目标不构成威胁;

（六）有符合安全要求的过驳作业方案、安全保障措施和应急预案。

对单航次作业的船舶,海事管理机构应当自收到申请之时起二十四小时内作出许可或者不予许可的决定;对在特定水域多航次作业的船舶,海事管理机构应当自收到申请之日起五个工作日内作出许可或者不予许可的决定。

第六章　海上搜寻救助

第六十六条　海上遇险人员依法享有获得生命救助的权利。生命救助优先于环境和财产救助。

第六十七条　海上搜救工作应当坚持政府领导、统一指挥、属地为主、专群结合、就近快速的原则。

第六十八条　国家建立海上搜救协调机制,统筹全国海上搜救应急反应工作,研究解决海上搜救工作中的重大问题,组织协调重大海上搜救应急行动。协调机制由国务院有关部门、单位和有关军事机关组成。

中国海上搜救中心和有关地方人民政府设立的海上搜救中心或者指定的机构（以下统称海上搜救中心）负责海上搜救的组织、协调、指挥工作。

第六十九条　沿海县级以上地方人民政府应当安排必要的海上搜救资金,保障搜救工作的正常开展。

第七十条　海上搜救中心各成员单位应当在海上搜救中心统一组织、协调、指挥下,根据各自职责,承担海上搜救应急、抢险救灾、支持保障、善后处理等工作。

第七十一条　国家设立专业海上搜救队伍,加强海上搜救力量建设。专海上搜救队伍应当配备专业搜救装备,建立定期演练和日常培训制度,提升搜救水平。

国家鼓励社会力量建立海上搜救队伍,参与海上搜救行动。

第七十二条　船舶、海上设施、航空器及人员在海上遇险的,应当立即报告海上搜救中心,不得瞒报、谎报海上险情。

船舶、海上设施、航空器及人员误发遇险报警信号的,除立即向海上搜救中心报告外,还应当采取必要措施消除影响。

其他任何单位、个人发现或者获悉海上险情的,应当立即报告海上搜救中心。

第七十三条　发生碰撞事故的船舶、海上设施,应当互通名称、国籍和登记港,在不严重危及自身安全的情况下尽力救助对方人员,不得擅自离开事故现场水域或者逃逸。

第七十四条　遇险的船舶、海上设施及其所有人、经营人或者管理人应当采取有效措施防止、减少生命财产损失和海洋环境污染。

船舶遇险时,乘客应当服从船长指挥,配合采取相关应急措施。乘客有权获知必要的险情信息。

船长决定弃船时,应当组织乘客、船员依次离船,并尽力抢救法定航行资料。船长应当最后离船。

第七十五条　船舶、海上设施、航空器收到求救信号或者发现有人遭遇生命危险的,在不严重危及自身安全的情况下,应当尽力救助遇险人员。

第七十六条　海上搜救中心接到险情报告后,应当立即进行核实,及时组织、协调、指挥政府有关部门、专业搜救队伍、社会有关单位等各方力量参加搜救,并指定现场指挥。参加搜救的船舶、海上设施、航空器及人员应当服从现场指挥,及时报告搜救动态和搜救结果。

搜救行动的中止、恢复、终止决定由海上搜救中心作出。未经海上搜救中心同意,参加搜救的船舶、海上设施、航空器及人员不得擅自退出搜救行动。

军队参加海上搜救,依照有关法律、行政法规的规定执行。

第七十七条　遇险船舶、海上设施、航空器或者遇险人员应当服从海上搜救中心和现场指挥的指令,及时接受救助。

遇险船舶、海上设施、航空器不配合救助的,现场指挥根据险情危急情况,可以采取相应救助措施。

第七十八条　海上事故或者险情发生后,有关地方人民政府应当及时组织医疗机构为遇险人员提供紧急医疗救助,为获救人员提供必要的生活保障,并组织有关方面采取善后措施。

第七十九条　在中华人民共和国缔结或者参加的国际条约规定由我国承

担搜救义务的海域内开展搜救,依照本章规定执行。

中国籍船舶在中华人民共和国管辖海域以及海上搜救责任区域以外的其他海域发生险情的,中国海上搜救中心接到信息后,应当依据中华人民共和国缔结或者参加的国际条约的规定开展国际协作。

第七章 海上交通事故调查处理

第八十条 船舶、海上设施发生海上交通事故,应当及时向海事管理机构报告,并接受调查。

第八十一条 海上交通事故根据造成的损害后果分为特别重大事故、重大事故、较大事故和一般事故。事故等级划分的人身伤亡标准依照有关安全生产的法律、行政法规的规定确定;事故等级划分的直接经济损失标准,由国务院交通运输主管部门会同国务院有关部门根据海上交通事故中的特殊情况确定,报国务院批准后公布施行。

第八十二条 特别重大海上交通事故由国务院或者国务院授权的部门组织事故调查组进行调查,海事管理机构应当参与或者配合开展调查工作。

其他海上交通事故由海事管理机构组织事故调查组进行调查,有关部门予以配合。国务院认为有必要的,可以直接组织或者授权有关部门组织事故调查组进行调查。

海事管理机构进行事故调查,事故涉及执行军事运输任务的,应当会同有关军事机关进行调查;涉及渔业船舶的,渔业渔政主管部门、海警机构应当参与调查。

第八十三条 调查海上交通事故,应当全面、客观、公正、及时,依法查明事故事实和原因,认定事故责任。

第八十四条 海事管理机构可以根据事故调查处理需要拆封、拆解当事船舶的航行数据记录装置或者读取其记录的信息,要求船舶驶向指定地点或者禁止其离港,扣留船舶或者海上设施的证书、文书、物品、资料等并妥善保管。有关人员应当配合事故调查。

第八十五条 海上交通事故调查组应当自事故发生之日起九十日内提交海上交通事故调查报告;特殊情况下,经负责组织事故调查组的部门负责人批准,提交事故调查报告的期限可以适当延长,但延长期限最长不得超过九十日。事故技术鉴定所需时间不计入事故调查期限。

海事管理机构应当自收到海上交通事故调查报告之日起十五个工作日内作出事故责任认定书,作为处理海上交通事故的证据。

事故损失较小、事实清楚、责任明确的,可以依照国务院交通运输主管部门的规定适用简易调查程序。

海上交通事故调查报告、事故责任认定书应当依照有关法律、行政法规的规定向社会公开。

第八十六条 中国籍船舶在中华人民共和国管辖海域外发生海上交通事故的,应当及时向海事管理机构报告事故情况并接受调查。

外国籍船舶在中华人民共和国管辖海域外发生事故,造成中国公民重伤或者死亡的,海事管理机构根据中华人民共和国缔结或者参加的国际条约的规定参与调查。

第八十七条 船舶、海上设施在海上遭遇恶劣天气、海况以及意外事故,造成或者可能造成损害,需要说明并记录时间、海域以及所采取的应对措施等具体情况的,可以向海事管理机构申请办理海事声明签注。海事管理机构应当依照规定提供签注服务。

第八章 监督管理

第八十八条 海事管理机构对在中华人民共和国管辖海域内从事航行、停泊、作业以及其他与海上交通安全相关的活动,依法实施监督检查。

海事管理机构依照中华人民共和国法律、行政法规以及中华人民共和国缔结或者参加的国际条约对外国籍船舶实施港口国、沿岸国监督检查。

海事管理机构工作人员执行公务时,应当按照规定着装,佩戴职衔标志,出示执法证件,并自觉接受监督。

海事管理机构依法履行监督检查职责,有关单位、个人应当予以配合,不得拒绝、阻碍依法实施的监督检查。

第八十九条 海事管理机构实施监督检查可以采取登船检查、查验证书、现场检查、询问有关人员、电子监控等方式。

载运危险货物的船舶涉嫌存在瞒报、谎报危险货物等情况的,海事管理机构可以采取开箱查验等方式进行检查。海事管理机构应当将开箱查验情况通报有关部门。港口经营人和有关单位、个人应当予以协助。

第九十条 海事管理机构对船舶、海上设施实施监督检查时,应当避免、减少对其正常作业的影响。

除法律、行政法规另有规定或者不立即实施监督检查可能造成严重后果外,不得拦截正在航行中的船舶进行检查。

第九十一条 船舶、海上设施对港口安全具有威胁的,海事管理机构应当责令立即或者限期改正、限制操作,责令驶往指定地点、禁止进港或者将其驱逐出港。

船舶、海上设施处于不适航或者不适拖状态,船员、海上设施上的相关人员未持有有效的法定证书、文书,或者存在其他严重危害海上交通安全、污染海洋环境的隐患的,海事管理机构应当根据情况禁止有关船舶、海上设施进出港,暂扣有关证书、文书或者责令其停航、改航、驶往指定地点或者停止作业。船舶超载的,海事管理机构可以依法对船舶进行强制减载。因强制减载发生的费用由违法船舶所有人、经营人或者管理人承担。

船舶、海上设施发生海上交通事故、污染事故,未结清国家规定的税费、滞纳金且未提供担保或者未履行其他法定义务的,海事管理机构应当责令改正,并可以禁止其离港。

第九十二条　外国籍船舶可能威胁中华人民共和国内水、领海安全的,海事管理机构有权责令其离开。

外国籍船舶违反中华人民共和国海上交通安全或者防治船舶污染的法律、行政法规的,海事管理机构可以依法行使紧追权。

第九十三条　任何单位、个人有权向海事管理机构举报妨碍海上交通安全的行为。海事管理机构接到举报后,应当及时进行核实、处理。

第九十四条　海事管理机构在监督检查中,发现船舶、海上设施有违反其他法律、行政法规行为的,应当依法及时通报或者移送有关主管部门处理。

第九章　法律责任

第九十五条　船舶、海上设施未持有有效的证书、文书的,由海事管理机构责令改正,对违法船舶或者海上设施的所有人、经营人或者管理人处三万元以上三十万元以下的罚款,对船长和有关责任人员处三千元以上三万元以下的罚款;情节严重的,暂扣船长、责任船员的船员适任证书十八个月至三十个月,直至吊销船员适任证书;对船舶持有的伪造、变造证书、文书,予以没收;对存在严重安全隐患的船舶,可以依法予以没收。

第九十六条　船舶或者海上设施有下列情形之一的,由海事管理机构责令改正,对违法船舶或者海上设施的所有人、经营人或者管理人处二万元以上二十万元以下的罚款,对船长和有关责任人员处二千元以上二万元以下的罚款;情节严重的,吊销违法船舶所有人、经营人或者管理人的有关证书、文书,暂扣船长、责任船员的船员适任证书十二个月至二十四个月,直至吊销船员适任证书:

(一)船舶、海上设施的实际状况与持有的证书、文书不符;

(二)船舶未依法悬挂国旗,或者违法悬挂其他国家、地区或者组织的旗帜;

(三)船舶未按规定标明船名、船舶识别号、船籍港、载重线标志;

(四)船舶、海上设施的配员不符合最低安全配员要求。

第九十七条　在船舶上工作未持有船员适任证书、船员健康证明或者所持船员适任证书、健康证明不符合要求的,由海事管理机构对船舶的所有人、经营人或者管理人处一万元以上十万元以下的罚款,对责任船员处三千元以上三万元以下的罚款;情节严重的,对船舶的所有人、经营人或者管理人处三万元以上三十万元以下的罚款,暂扣责任船员的船员适任证书六个月至十二个月,直至吊销船员适任证书。

第九十八条 以欺骗、贿赂等不正当手段为中国籍船舶取得相关证书、文书的,由海事管理机构撤销有关许可,没收相关证书、文书,对船舶所有人、经营人或者管理人处四万元以上四十万元以下的罚款。

以欺骗、贿赂等不正当手段取得船员适任证书的,由海事管理机构撤销有关许可,没收船员适任证书,对责任人员处五千元以上五万元以下的罚款。

第九十九条 船员未保持安全值班,违反规定摄入可能影响安全值班的食品、药品或者其他物品,或者有其他违反海上船员值班规则的行为的,由海事管理机构对船长、责任船员处一千元以上一万元以下的罚款,或者暂扣船员适任证书三个月至十二个月;情节严重的,吊销船长、责任船员的船员适任证书。

第一百条 有下列情形之一的,由海事管理机构责令改正;情节严重的,处三万元以上十万元以下的罚款:

(一)建设海洋工程、海岸工程未按规定配备相应的防止船舶碰撞的设施、设备并设置专用航标;

(二)损坏海上交通支持服务系统或者妨碍其工作效能;

(三)未经海事管理机构同意设置、撤除专用航标,移动专用航标位置或者改变航标灯光、功率等其他状况,或者设置临时航标不符合海事管理机构确定的航标设置点;

(四)在安全作业区、港外锚地范围内从事养殖、种植、捕捞以及其他影响海上交通安全的作业或者活动。

第一百零一条 有下列情形之一的,由海事管理机构责令改正,对有关责任人员处三万元以下的罚款;情节严重的,处三万元以上十万元以下的罚款,并暂扣责任船员的船员适任证书一个月至三个月:

(一)承担无线电通信任务的船员和岸基无线电台(站)的工作人员未保持海上交通安全通信频道的值守和畅通,或者使用海上交通安全通信频率交流与海上交通安全无关的内容;

(二)违反国家有关规定使用无线电台识别码,影响海上搜救的身份识别;

(三)其他违反海上无线电通信规则的行为。

第一百零二条 船舶未依照本法规定申请引航的,由海事管理机构对违法船舶的所有人、经营人或者管理人处五万元以上五十万元以下的罚款,对船长处一千元以上一万元以下的罚款;情节严重的,暂扣有关船舶证书三个月至十二个月,暂扣船长的船员适任证书一个月至三个月。

引航机构派遣引航员存在过失,造成船舶损失的,由海事管理机构对引航机构处三万元以上三十万元以下的罚款。

未经引航机构指派擅自提供引航服务的,由海事管理机构对引领船舶的人员处三千元以上三万元以下的罚款。

第一百零三条 船舶在海上航行、停泊、作业,有下列情形之一的,由海事管理机构责令改正,对违法船舶的所有人、经营人或者管理人处二万元以上二十万元以下的罚款,对船长、责任船员处二千元以上二万元以下的罚款,暂扣船员适任证书三个月至十二个月;情节严重的,吊销船长、责任船员的船员适任证书:

(一)船舶进出港口、锚地或者通过桥区水域、海峡、狭水道、重要渔业水域、通航船舶密集的区域、船舶定线区、交通管制区时,未加强瞭望、保持安全航速并遵守前述区域的特殊航行规则;

(二)未按照有关规定显示信号、悬挂标志或者保持足够的富余水深;

(三)不符合安全开航条件冒险开航,违章冒险操作、作业,或者未按照船舶检验证书载明的航区航行、停泊、作业;

(四)未按照有关规定开启船舶的自动识别、航行数据记录、远程识别和跟踪、通信等与航行安全、保安、防治污染相关的装置,并持续进行显示和记录;

(五)擅自拆封、拆解、初始化、再设置航行数据记录装置或者读取其记录的信息;

(六)船舶穿越航道妨碍航道内船舶的正常航行,抢越他船船艏或者超过桥梁通航尺度进入桥区水域;

(七)船舶违反规定进入或者穿越禁航区;

(八)船舶载运或者拖带超长、超高、超宽、半潜的船舶、海上设施或者其他物体航行,未采取特殊的安全保障措施,未在开航前向海事管理机构报告航行计划,未按规定显示信号、悬挂标志,或者拖带移动式平台、浮船坞等大型海上设施未依法交验船舶检验机构出具的拖航检验证书;

(九)船舶在不符合安全条件的码头、泊位、装卸站、锚地、安全作业区停泊,或者停泊危及其他船舶、海上设施的安全;

(十)船舶违反规定超过检验证书核定的载客定额、载重线、载货种类载运乘客、货物,或者客船载运乘客同时载运危险货物;

(十一)客船未向乘客明示安全须知、设置安全标志和警示;

(十二)未按照有关法律、行政法规、规章以及强制性标准和技术规范的要求安全装卸、积载、隔离、系固和管理货物;

(十三)其他违反海上航行、停泊、作业规则的行为。

第一百零四条　国际航行船舶未经许可进出口岸的,由海事管理机构对违法船舶的所有人、经营人或者管理人处三千元以上三万元以下的罚款,对船长、责任船员或者其他责任人员,处二千元以上二万元以下的罚款;情节严重的,吊销船长、责任船员的船员适任证书。

国内航行船舶进出港口、港外装卸站未依法向海事管理机构报告的,由海事管理机构对违法船舶的所有人、经营人或者管理人处三千元以上三万元以下的罚款,对船长、责任船员或者其他责任人员处五百元以上五千元以下的罚款。

第一百零五条　船舶、海上设施未经许可从事海上施工作业,或者未按照许可要求、超出核定的安全作业区进行作业的,由海事管理机构责令改正,对违法船舶、海上设施的所有人、经营人或者管理人处三万元以上三十万元以下的罚款,对船长、责任船员处三千元以上三万元以下的罚款,或者暂扣船员适任证书六个月至十二个月;情节严重的,吊销船长、责任船员的船员适任证书。

从事可能影响海上交通安全的水上水下活动,未按规定提前报告海事管理机构的,由海事管理机构对违法船舶、海上设施的所有人、经营人或者管理人处一万元以上三万元以下的罚款,对船长、责任船员处二千元以上二万元以下的罚款。

第一百零六条　碍航物的所有人、经营人或者管理人有下列情形之一的,由海事管理机构责令改正,处二万元以上二十万元以下的罚款;逾期未改正的,海事管理机构有权依法实施代履行,代履行的费用由碍航物的所有人、经营人或者管理人承担:

(一)未按照有关强制性标准和技术规范的要求及时设置警示标志;

(二)未向海事管理机构报告碍航物的名称、形状、尺寸、位置和深度;

(三)未在海事管理机构限定的期限内打捞清除碍航物。

第一百零七条　外国籍船舶进出中华人民共和国内水、领海违反本法规定的,由海事管理机构对违法船舶的所有人、经营人或者管理人处五万元以上五十万元以下的罚款,对船长处一万元以上三万元以下的罚款。

第一百零八条　载运危险货物的船舶有下列情形之一的,海事管理机构应当责令改正,对违法船舶的所有人、经营人或者管理人处五万元以上五十万元以下的罚款,对船长、责任船员或者其他责任人员,处五千元以上五万元以下的罚款;情节严重的,责令停止作业或者航行,暂扣船长、责任船员的船员适任证书六个月至十二个月,直至吊销船员适任证书:

(一)未经许可进出港口或者从事散装液体危险货物过驳作业;

(二)未按规定编制相应的应急处置预案,配备相应的消防、应急设备和器材;

(三)违反有关强制性标准和安全作业操作规程的要求从事危险货物装

卸、过驳作业。

第一百零九条 托运人托运危险货物,有下列情形之一的,由海事管理机构责令改正,处五万元以上三十万元以下的罚款:

(一)未将托运的危险货物的正式名称、危险性质以及应当采取的防护措施通知承运人;

(二)未按照有关法律、行政法规、规章以及强制性标准和技术规范的要求对危险货物妥善包装,设置明显的危险品标志和标签;

(三)在托运的普通货物中夹带危险货物或者将危险货物谎报为普通货物托运;

(四)未依法提交有关专业机构出具的表明该货物危险特性以及应当采取的防护措施等情况的文件。

第一百一十条 船舶、海上设施遇险或者发生海上交通事故后未履行报告义务,或者存在瞒报、谎报情形的,由海事管理机构对违法船舶、海上设施的所有人、经营人或者管理人处三千元以上三万元以下的罚款,对船长、责任船员处二千元以上二万元以下的罚款,暂扣船员适任证书六个月至二十四个月;情节严重的,对违法船舶、海上设施的所有人、经营人或者管理人处一万元以上十万元以下的罚款,吊销船长、责任船员的船员适任证书。

第一百一十一条 船舶发生海上交通事故后逃逸的,由海事管理机构对违法船舶的所有人、经营人或者管理人处十万元以上五十万元以下的罚款,对船长、责任船员处五千元以上五万元以下的罚款并吊销船员适任证书,受处罚者终身不得重新申请。

第一百一十二条 船舶、海上设施不依法履行海上救助义务,不服从海上搜救中心指挥的,由海事管理机构对船舶、海上设施的所有人、经营人或者管理人处三万元以上三十万元以下的罚款,暂扣船长、责任船员的船员适任证书六个月至十二个月,直至吊销船员适任证书。

第一百一十三条 有关单位、个人拒绝、阻碍海事管理机构监督检查,或者在接受监督检查时弄虚作假的,由海事管理机构处二千元以上二万元以下的罚款,暂扣船长、责任船员的船员适任证书六个月至二十四个月,直至吊销船员适任证书。

第一百一十四条 交通运输主管部门、海事管理机构及其他有关部门的工作人员违反本法规定,滥用职权、玩忽职守、徇私舞弊的,依法给予处分。

第一百一十五条 因海上交通事故引发民事纠纷的,当事人可以依法申请仲裁或者向人民法院提起诉讼。

第一百一十六条 违反本法规定,构成违反治安管理行为的,依法给予治安管理处罚;造成人身、财产损害的,依法承担民事责任;构成犯罪的,依法追究刑事责任。

第十章　附则

第一百一十七条　本法下列用语的含义是：

船舶，是指各类排水或者非排水的船、艇、筏、水上飞行器、潜水器、移动式平台以及其他移动式装置。

海上设施，是指水上水下各种固定或者浮动建筑、装置和固定平台，但是不包括码头、防波堤等港口设施。

内水，是指中华人民共和国领海基线向陆地一侧至海岸线的海域。

施工作业，是指勘探、采掘、爆破，构筑、维修、拆除水上水下构筑物或者设施，航道建设、疏浚（航道养护疏浚除外）作业，打捞沉船沉物。

海上交通事故，是指船舶、海上设施在航行、停泊、作业过程中发生的，由于碰撞、搁浅、触礁、触碰、火灾、风灾、浪损、沉没等原因造成人员伤亡或者财产损失的事故。

海上险情，是指对海上生命安全、水域环境构成威胁，需立即采取措施规避、控制、减轻和消除的各种情形。

危险货物，是指国际海上危险货物运输规则和国家危险货物品名表上列明的，易燃、易爆、有毒、有腐蚀性、有放射性、有污染危害性等，在船舶载运过程中可能造成人身伤害、财产损失或者环境污染而需要采取特别防护措施的货物。

海上渡口，是指海上岛屿之间、海上岛屿与大陆之间，以及隔海相望的大陆与大陆之间，专用于渡船渡运人员、行李、车辆的交通基础设施。

第一百一十八条　公务船舶检验、船员配备的具体办法由国务院交通运输主管部门会同有关主管部门另行制定。

体育运动船舶的登记、检验办法由国务院体育主管部门另行制定。训练、比赛期间的体育运动船舶的海上交通安全监督管理由体育主管部门负责。

渔业船员、渔业无线电、渔业航标的监督管理，渔业船舶的登记管理，渔港水域内的海上交通安全管理，渔业船舶（含外国籍渔业船舶）之间交通事故的调查处理，由县级以上人民政府渔业渔政主管部门负责。法律、行政法规或者国务院对渔业船舶之间交通事故的调查处理另有规定的，从其规定。

除前款规定外，渔业船舶的海上交通安全管理由海事管理机构负责。渔业船舶的检验及其监督管理，由海事管理机构依照有关法律、行政法规的规定执行。

浮式储油装置等海上石油、天然气生产设施的检验适用有关法律、行政法规的规定。

第一百一十九条　海上军事管辖区和军用船舶、海上设施的内部海上交通安全管理，军用航标的设立和管理，以及为军事目的进行作业或者水上水下活动的管理,由中央军事委员会另行制定管理办法。

划定、调整海上交通功能区或者领海内特定水域,划定海上渡口的渡运线路,许可海上施工作业,可能对军用船舶的战备、训练、执勤等行动造成影响的,海事管理机构应当事先征求有关军事机关的意见。

执行军事运输任务有特殊需要的,有关军事机关应当及时向海事管理机构通报相关信息。海事管理机构应当给予必要的便利。

海上交通安全管理涉及国防交通、军事设施保护的,依照有关法律的规定执行。

第一百二十条　外国籍公务船舶在中华人民共和国领海航行、停泊、作业,违反中华人民共和国法律、行政法规的,依照有关法律、行政法规的规定处理。

在中华人民共和国管辖海域内的外国籍军用船舶的管理,适用有关法律的规定。

第一百二十一条　中华人民共和国缔结或者参加的国际条约同本法有不同规定的,适用国际条约的规定,但中华人民共和国声明保留的条款除外。

第一百二十二条　本法自 2021 年 9 月 1 日起施行。

附录三

甲板减压舱（GB/T 16560—2011）

1. 范围

本标准规定了甲板减压舱产品的分类、要求、试验方法、检验规则、标志及使用说明和包装、运输及贮存。

本标准适用于各种钢制甲板减压舱。

2. 规范性引用文件

下列文件对于本文件的应用是必不可少的。凡是注日期的引用文件，仅注日期的版本适用于本文件。凡是不注日期的引用文件，其最新版本（包括所有的修改单）适用于本文件。

GB/T 191　包装储运图示标志

GB 3836.4—2010　爆炸性环境　第4部分：由本质安全型"i"保护的设备

GB/T 7134　浇铸型工业有机玻璃板材

GB 9706.1—2007　医用电气设备　第1部分：安全通用要求

GB/T 12243　弹簧直接载荷式安全阀

GB 18435　潜水呼吸气体及检测方法

GB 50222　建筑内部装修设计防火规范

CB 3022　外螺纹空气信号安全阀

HG 20202　脱脂工程施工及验收规范

JB/T 4730.1　承压设备无损检测　第1部分：通用要求

JB/T 4730.2　承压设备无损检测　第2部分：射线检测

JB/T 4730.3　承压设备无损检测　第3部分：超声检测

JB/T 4730.4　承压设备无损检测　第4部分：磁粉检测

JB/T 4730.5　承压设备无损检测　第5部分：渗透检测

JT/T 742　200 m氦氧饱和潜水气体配置要求

中国船级社《潜水系统和潜水器入级与建造规范》（1996）
中国船级社《材料与焊接规范》

3. 术语和定义

下列术语和定义适用于本文件。

3.1　甲板减压舱 deck decompression chamber

安装在船舶或海上平台上，供潜水从业人员居住并能控制舱内外压力差的装置。

3.2　主舱 main chamber

甲板减压舱内配有必要的生活设施，供潜水从业人员使用的舱室。

3.3　过渡舱 transfer chamber

供潜水从业人员从不同压力环境中出入主舱时使用的压力平衡舱室。

3.4　递物筒 medical lock

为舱内外送递物品而专门设置的专用装置。

3.5　生命支持系统 life support system

供潜水从业人员安全生存所必需的供气系统、呼吸装具、加减压设备和环境控制系统。

3.6　呼吸阻力 breathing resistance

当舱内人员带上呼吸装具，呼气时由呼吸装具引起的阻力总和称为呼气阻力；吸气时由呼吸装具引起的阻力总和称为吸气阻力；两者统称呼吸阻力。

3.7　舱内照度 lighting in chamber

舱内无自然光照明，电源电压为正常工作状态下的舱内光照度。

3.8　呼吸气体 breathing gas

舱内人员在压力环境下所呼吸的气体。

3.9　内置式呼吸装 builr in breathing system（BIBS）

设置在舱室内，有舱外管道直接向其提供和排放呼吸气体的呼吸装具。

3.10　声力电话 sound powered phone

运用声能实现通讯功能的电话。

4. 分类

根据潜水方式不同，甲板减压舱分为两类：
——I 类指用于常规潜水的甲板减压舱；
——II 类指用于饱和潜水的甲板减压舱。

5. 要求

5.1　一般要求

设计和制造应符合本标准、中国船级社《潜水系统和潜水器人级与建造规范》和中国船级社《材料与焊接规范》及其修改通报中的有关规定,以及有关潜水安全规程的要求。

5.2 舱体

5.2.1 舱室数量

5.2.1.1 甲板减压舱至少具备两个舱室,即主舱和过渡舱。

5.2.1.2 主舱应至少能容纳两名人员。

5.2.2 舱室尺寸

5.2.2.1 Ⅰ类甲板减压舱舱体内径应不小于 1 300 mm。

5.2.2.2 Ⅱ类甲板减压舱舱体内径应不小于 2 100 mm。

5.2.3 舱门

5.2.3.1 门孔的内径应不小于 600 mm。

5.2.3.2 舱室之间应有中间隔离门,允许舱室之间存在压力差。在中间隔离门上应装有平衡阀和防堵塞装置。

5.2.3.3 门的锁紧机构应能从门的两侧进行操作。

5.2.3.4 舱门在打开状态应有固定装置。

5.2.3.5 每扇舱门上应有编号。

5.2.4 观察窗

5.2.4.1 每个舱室都应设有观察窗,观察窗数量应能满足舱外人员可以看到舱内每一个人的情况。

5.2.4.2 观察窗的透光直径应不小于 150 mm。

5.2.4.3 观察窗的设计、制造以及耐压试验应符合中国船级社《潜水系统和潜水器入级与建造规范》的规定;透光材料应为聚甲基丙烯酸甲酯(以下简称有机玻璃),并应符合 GB/T 7134 中的要求。

5.2.4.4 观察窗有机玻璃的使用年限为 10 年,在使用过程中,有机玻璃上出现银纹等异常现象则应及时更换。

5.2.4.5 观察窗表面应有保护措施以防止有机玻璃受损,观察窗有机玻璃严禁与油漆、丙酮等有机溶剂接触。

5.2.5 递物筒

5.2.5.1 Ⅰ类甲板减压舱至少应在主舱上设置递物筒。

5.2.5.2 Ⅱ类甲板减压舱每个舱室至少设置一只递物筒。

5.2.5.3 递物筒的内径通常应不小于 300 mm。舱体内径小于 1 800 mm 的舱室,递物筒内径应不小于 240 mm。

5.2.5.4 采用快开式外开门的递物筒上应设置安全联锁装置,其锁定压力应不大于 0.02 MPa,复位压力应不大于 0.01 MPa。

5.2.5.5 递物筒上应设置压力表,其量程应与舱室压力表量程一致,精度应不低于2.5级。

5.2.5.6 递物筒上应设置平衡阀,并有防堵塞装置。

5.2.6 对接装置

5.2.6.1 Ⅱ类甲板减压舱应具备与潜水钟和其他舱在压力状态下快速对接与分离的装置,对接装置通道应满足潜水员出入要求。

5.2.6.2 采用电动、气动或液压操作的快速对接装置,应配置手动操作机构,且应设有压力联锁装置。

5.2.7 穿舱件

5.2.7.1 舱体上应设置足够数量的穿舱件,便于管道和电缆的进出。

5.2.7.2 穿舱件应采用不锈钢或铜质材料。

5.2.8 安全阀

5.2.8.1 每个舱室上至少设有一只安全阀,主舱室一般设置不少于两只安全阀。

5.2.8.2 安全阀与舱室之间应安装一个手动速闭阀,并以易断金属丝固定在开启状态,其位置应便于人员操作。

5.2.8.3 舱室安全阀应符合 CB 3022 或 GB/T 12243 的规定。

5.2.9 焊接

5.2.9.1 舱体的焊接应符合中国船级社《材料与焊接规范》及其修改通报有关规定。

5.2.9.2 舱体焊缝无损检测见表1规定。舱体同一部位的缺陷修补一般不得超过两次,修补完毕后应重新进行无损检测。

表1 无损检测要求

无损检测方法	射线检测	超声检测	表面检测
依据和合格级别	JB/T 4730.2 Ⅱ级	JB/T 4730.3 Ⅰ级	JB/T 4730.4 或 JB/T 4730.5 Ⅰ级
船体上对接焊缝	100%	—	—
船体上全焊透角焊缝抽	—	100%	—
抽查全部焊缝	—	—	10%
开孔处或接管处加强焊缝	—	—	100%

5.2.10 耐压性能

对制成或装配完毕的甲板减压舱舱体应以最高工作压力的1.5倍进行液压试验,舱体上无渗漏、无可见变形、试验过程中无异常响声;对抗拉强度规定值下限大于等于540 MPa的材料,表面无损检测抽查未发现裂纹。

如果观察窗的有机玻璃与本体一起试验,则试验介质温度至少比观察窗设计温度低 14 ℃,但不得低于 4 ℃。加、减压速度不得超过 0.2 MPa/min。

管系及安装件应以 1.5 倍管路设计压力进行液压试验,不得出现渗漏现象。

5.2.11　气密性要求

甲板减压舱总体及管道的气密性要求见表 2 的规定。

表 2　气密性要求

部位	压力 /Mpa	泄漏率	试验介质
与加压气源相连的管道	该管道系统最高工作压力	≤1.0%/4 h	空气
呼吸气和补氧系统管道	该管道系统最高工作压力	≤1.0%/4 h	氮气
总体气密性	舱室最高工作压力	≤1.0%/4 h	空气
	0.03	≤1.0%/4 h	空气

气密性试验介质宜采用正常工作时使用的气体。

5.2.12　涂装

5.2.12.1　舱体及其配套的容器内壁的涂料应采用无毒型涂料,如食品容器漆或饮水舱漆等。

5.2.12.2　Ⅱ类甲板减压舱外部应有隔热材料防护层。

5.3　舱内设施

5.3.1　舱室地板

5.3.1.1　舱室内应配有地板,安置高度应便于人员活动。

5.3.1.2　舱内的地板应进行可靠的固定,防止滑动和撞击。位于舱底排水口处地板应方便打开。

5.3.1.3　地板应采用不易产生火花和防滑的材料。

5.3.2　床铺

5.3.2.1　Ⅰ类甲板减压舱的主舱应能在地板上铺放床垫。

5.3.2.2　Ⅱ类甲板减压舱的主舱应按额定人数配备床铺,每个床铺的长度不得短于 1 800 mm。

5.3.2.3　舱内的床铺应进行可靠的固定,防止滑动和撞击。

5.3.3　卫生设施

5.3.3.1　Ⅱ类甲板减压舱的过渡舱内应设有卫生设施,满足舱内人员长时间居住要求。

5.3.3.2　洗漱和淋浴设施供水应冷热水分开。

5.3.3.3　在卫生设施通向舱外的排放管道上应有污水罐,且污水罐进出口应设置相互联锁装置。

5.3.3.4 采用座便器的,座便器本体与座垫之间应有足够的空隙,且座便器盖启闭和座便器排放阀之间应设有联锁装置。

5.3.4 舱底积水排放阀

舱外应设舱底积水排放阀,放水口应设在舱体最低位置。

5.3.5 深度(压力)表

每个舱室内至少应配有一只显示舱内压力的深度(压力)表。

5.3.6 温度计

每个舱室内至少应配有一只温度计。

5.3.7 湿度计

Ⅱ类甲板减压舱每个舱室内至少应配有一只湿度计。

5.3.8 消音装置

每个舱室内的供气加压管道的出口端应配有消音装置。

5.3.9 取样口

舱内应设取样口,其位置在舱室任意一侧的中下部,有装饰层时,应伸出装饰层板外。取样口应采取有效保护措施,防止污物堵塞。

5.3.10 医疗急救箱

Ⅱ类甲板减压舱主舱内应设有医疗急救箱。

5.3.11 电源切断装置

Ⅱ类甲板减压舱舱室内应设置进舱电源切断装置。

5.3.12 标识

舱内外每个控制阀门、仪器、仪表和进出舱壁的管道应配有标识,标明其用途或工作状态。

5.3.13 消防

5.3.13.1 进舱口应醒目标识禁火标记。舱内应设置能在高压条件下使用的无毒灭火器材,并能对舱内各部位进行有效的灭火。

5.3.13.2 Ⅰ类甲板减压舱宜设置水灭火装置,在舱内发生火灾时,该装置应能从舱内和舱外任意一侧开启向舱内地板均匀喷水,喷水强度应不小于 $50 \text{ L/m}^2 \cdot \text{min}$;水灭火装置的供水能力应能满足同时向舱室供水至少 1 min 的水量,喷水动作的响应时间不大于 3 s。

5.3.13.3 水灭火装置的供水管路及阀件应选用耐腐蚀的铜材或不锈钢材料,压力水柜应配置液位指示器,配套容器的内部应作防锈涂层处理。

5.3.13.4 舱内装饰应选用 GB 50222 中规定的 A 级或 B1 级材料;舱内床、椅的包覆面料应经阻燃处理。

5.3.13.5 消音装置应采用 GB 50222 中规定的 A 级材料制造。

5.4 生命支持系统

5.4.1 储气系统

5.4.1.1 气源气体成分应符合 GB 18435 中的规定。Ⅰ类甲板减压舱应有空气和氧气储气系统,用于氦氧混合气潜水时,应备有治疗用混合气;Ⅱ类甲板减压舱应有空气、混合气和氧气储气系统。

5.4.1.2 甲板减压舱至少应有两组独立并可切换使用的加压气源、两组呼吸气源,Ⅱ类甲板减压舱至少还有一个补氧气源。

5.4.1.3 储气系统的储气压力、有效储气量和储存方式应满足甲板减压舱预期任务的要求。Ⅰ类甲板减压舱每组加压气源至少满足两次供所有舱室加压至 0.5 MPa 压力,Ⅱ类甲板减压舱每组加压气源可根据预期任务,按 JT/T 742 配备。

5.4.1.4 储气系统应通过供气管路与甲板减压舱的有关控制面板连接。

5.4.2 管道与阀门

5.4.2.1 舱体上的每个进出舱壁的管道,应在壳体的内外设置阀门,必要时其中一个阀门应为止回阀。舱内进气管路出口应安装"T"形部件或防护装置,并应有气体扩散通道。

5.4.2.2 舱室内外所有管道应布排有序。

5.4.2.3 加减压管路以及相连的阀和过滤器的工作压力、通径应满足供排气速率的要求。

5.4.2.4 硬质管道应采用不锈钢管或铜管。阀门应用钢阀、铜阀或不锈钢阀。

5.4.2.5 氧气阀门应用铜阀或不锈钢阀。

5.4.2.6 3.45 MPa 以上的管路和 0.8 MPa 以上氧气管路上的阀门应采用渐开式阀门。

5.4.2.7 氧气管路和管路附件安装前应作脱脂处理,并符合 HG 20202 的要求;氧浓度超过 23% 的管路,应按氧气管路处理。

5.4.2.8 氧气和氧浓度超过 23% 的混合气输送压力应不大于 4 MPa,减压器应刚性的连接在气瓶或气瓶组上。

5.4.2.9 储气系统、控制面板和舱体之间的连接管道应尽量采用硬管,如采用软管相连,软管应具有认可型的管接附件,软管爆破压力应不小于管路设计压力的 4 倍。

5.4.2.10 每根软管应经液压试验,试验压力应不小于设计压力的 1.5 倍。

5.4.2.11 管道、管件及阀门安装前应以 1.5 倍设计压力作耐压试验。

5.4.3 控制室配置要求

5.4.3.1 Ⅱ类甲板减压舱应设有控制室,控制室的控制面板应针对每个舱室有独立的分区。控制室内照明应充分,平均照度大于 65 lx,并具有应急照明。

5.4.3.2 应能保护室内工作人员免受气候和其他因素(如物体坠落、有害气体)的影响或伤害,通风良好。

5.4.3.3 应有测量控制室内氧浓度的氧分析仪,并具有氧浓度高低声光报警功能。

5.4.3.4 如设有气体储存室,其氧浓度高低声光报警应转接到控制室内。

5.4.3.5 控制室或其附近应有船舶报警装置。

5.4.3.6 应有消防设备和应急消防呼吸面罩。

5.4.4 控制面板布置

5.4.4.1 控制面板上的管路与电缆应分开布置,信号电缆与动力电缆也应分开布置。

5.4.4.2 控制面板应与潜水控制面板分开。

5.4.4.3 控制面板上应设有各种气源压力表、舱室深度(压力)表。

5.4.4.4 控制面板上可采用电动或气动操作进行舱室加减压,但应配备一套手动操作的加减压系统。

5.4.4.5 重要的阀门和减压器应能被切断隔离,并有替代。

5.4.4.6 控制面板上应设置舱室呼吸气体供给阀和补氧阀。

5.4.4.7 控制面板上应设置舱内气体取样装置。

5.4.4.8 控制面板上应配有舱室气体氧分析仪。

5.4.4.9 II类甲板减压舱控制面板上还应设置每个舱室的二氧化碳分析仪。

5.4.4.10 温度调节装置的控制部分可设在控制面板上,也可设在其他电气控制面板上。

5.4.4.11 控制面板上一般设有舱内温度计。

5.4.4.12 II类甲板减压舱的控制面板上应设有舱内湿度计。

5.4.4.13 照明系统的控制装置一般设在控制面板上,也可设在其他电气控制面板上。

5.4.4.14 控制面板与舱内应有双通道有线对讲装置和应急呼叫装置。

5.4.4.15 控制面板上应备有定时钟,24 h误差不得超过1 min。

5.4.4.16 控制面板上仪表显示应易于观察,阀件应便于操作,阀门及仪器仪表都应标识功能和状态,管路有路径标识。

5.4.5 舱室压力控制系统

5.4.5.1 控制面板应能与需要的各种气源连接。气源供气管路上应设置供气阀,供气阀上游管路上应配置止回阀。

5.4.5.2 供气阀上游应配置气源压力表。

5.4.5.3 如设置气源气体预分面板,预分面板上应有与气源供气管路连接的气体输入阀、气源压力表,以及与控制面板连接的气体输出管路和气体输出阀。

5.4.5.4 控制面板上应设置对每个舱室的加压管路:

a) 每个舱室至少有两套独立的加压管路,两套加压管路不应使用同一个加压气源;

b) 如果几种气体共用控制面板上同一根加压管路,应安装止回阀和放气阀;

c) 加压管路和加压阀的通径应满足加压速率 0.3 MPa/min 的要求,以供气余压 0.8 MPa 计算;

d) 加压管路出口端应配置消音装置,舱内最大供气噪声不得大于 90 dB(A),平均供气噪声不得大于 65 dB(A)。

5.4.5.5 控制面板上应设置对每个舱室的减压管路:

a) 每个舱室至少有一套独立的通过控制面板进行减压的减压管路;

b) 每个舱室应有两个以上的减压阀,至少其中一个与控制面板减压管路连接;

c) Ⅱ类甲板减压舱控制面板的减压管路应具有几个口径不同的减压阀,通径应满足主舱最大减压速率 0.08 MPa/min,过渡舱最大减压速率 0.1 MPa/min 的要求;

d) 进气口与排气口应有效隔离,避免气体短路,减压管路出口不得连接到封闭空间。

5.4.5.6 控制面板上应设置对每个舱室的深度(压力)进行单独监测的管路,不得切换使用。

5.4.5.7 每个舱室至少配置两个深度(压力)表,精度分别不低于 1.6 级和 0.4 级,直径不小于 150 mm,使用范围不应超过最大量程的 2/3;Ⅱ类甲板减压舱减压最终阶段使用的深度(压力)表的刻度分隔不得超过 0.5 m。数字式深度(压力)表显示 m 或 ft 应精确到小数点后一位数。量程不同的深度(压力)表之间应有隔断阀。

5.4.5.8 在各舱室之间应设置压力平衡管路和阀件。

5.4.6 内置式呼吸装置

5.4.6.1 控制面板上应设置为每个舱室独立供给呼吸气体的阀门和管路,阀门和管路的通径应满足舱室满员时使用内置式呼吸装置呼吸的要求,按供气压差 0.8 MPa、耗气量每人 45 L/min 计算。

5.4.6.2 如果几种呼吸气体共用控制面板上一根管路,管路上应安装止回阀和放气阀。

5.4.6.3 当供给呼吸气体管路上设置压力调节器时,调节器上下游应有压力表。Ⅱ类甲板减压舱应设置可自动保持供气压差的压力调节器。

5.4.6.4 舱内应有内置式呼吸面罩,数量应满足舱室额定人数,主舱内至少还应有一套备用。面罩吸气阻力不小于 400 Pa,呼气阻力不大于 300 Pa,呼出气应排至舱外。

5.4.7 舱室气体成分监测控制系统

5.4.7.1 控制面板上应能对每个舱室的氧气和二氧化碳成分进行监测。

5.4.7.2 控制面板上应有氧分析仪,氧分析仪应有声光报警功能。氧分析仪的示值与实际值的偏差不应超过量程的 3%,报警误差不应超出示值的 1%。

5.4.7.3 Ⅱ类甲板减压舱控制面板上还应有二氧化碳分析仪。该分析仪的示值与实际值的偏差不应超过量程的 3%。

5.4.7.4 如果几个舱室共用一套分析仪,应有切换装置。

5.4.7.5 Ⅱ类甲板减压舱每个舱室应有补氧管路。采用自动补氧方式时,应有旁通手动补氧管路。采用手动补氧方式时,补氧管路应配置流量计。补氧管路不得向舱内泄漏氧气。

5.4.7.6 补氧管路通径应满足维持舱室氧分压(40～120)kPa 的要求,以供气余压为 0.8 MPa 计算。舱内补氧管路出口位置应有利于氧气扩散。

5.4.7.7 Ⅱ类甲板减压舱每个舱室应有二氧化碳吸收装置,应能满足在舱室满员的条件下,舱内二氧化碳分压不大于 500 Pa 的要求。二氧化碳吸收装置应由耐腐蚀材料制造。

5.4.7.8 取样口的位置不能靠近舱内补氧管路出口和二氧化碳吸收装置。

5.4.8 舱室温湿度监测控制系统

5.4.8.1 Ⅱ类甲板减压舱应设置对舱室温度进行控制的调节装置。Ⅰ类甲板减压舱如设置舱室温度调节装置,温度调节装置的室内机电机应设置在舱外。

5.4.8.2 温度调节装置应满足在满员条件下,在 24 ℃～32 ℃范围内按设定值保持舱室温度,稳压时温度变化率应不大于 3 ℃/min。温度计示值与实际舱内温度允许差为 ±2 ℃。

5.4.8.3 Ⅱ类甲板减压舱应设置舱内湿度调节装置,满员条件下,能满足在 40%～70%范围内按设定值保持舱室相对湿度。湿度计示值与实际舱内湿度允许差为 ±10%。

5.4.8.4 Ⅱ类甲板减压舱湿度调节装置室内机电机可设置在舱内,但应符合 5.5.1 的规定。

5.4.8.5 温湿度调节装置舱内噪声应低于 60 dB(A)。

5.4.9 通信系统

5.4.9.1 每个舱室应有与控制面板进行双向语音有线通讯装置。

5.4.9.2 每个舱室应有应急呼叫装置,并带有声光显示报警和复位。

5.4.9.3 Ⅱ类甲板减压舱还应有备用通讯装置,如声力电话。

5.4.9.4 Ⅱ类甲板减压舱的主通讯系统应配备氦氧电话。

5.4.9.5 Ⅱ类甲板减压舱每个床铺应配置一套头戴式通讯装置。

5.4.9.6 Ⅱ类甲板减压舱递物筒舱外侧应有与控制室进行通讯的有线电话。

5.4.9.7 Ⅱ类甲板减压舱控制室应有与潜水控制室、递物筒外侧、高压逃生舱释放操作点、储气区域等进行双向语音对话的通讯装置。

5.4.10 视频监控系统

5.4.10.1 甲板减压舱宜配备对舱室内部进行视频监控的装置,摄像头一般设置在舱外。

5.4.10.2 Ⅱ类甲板减压舱递物筒外侧应配备视频监控装置,并可以在控制室内进行视频监控。

5.4.10.3 视频监控显示屏可切换使用。

5.5 电气系统

5.5.1 总体要求

5.5.1.1 由不同电压供电的线路,布线应彼此分开。

5.5.1.2 舱外的布线应采用铠装电缆或穿管敷设。

5.5.1.3 不得利用减压舱的金属结构作为动力、加热和照明电的载流导体。

5.5.1.4 承压环境中的电气设备,应在加压、减压过程中不会损坏。

5.5.1.5 舱内电机应为全封闭型,且封闭空间内应充以不小于舱内最大工作压力的惰性气体。工作表面温度小于 120 ℃。

5.5.1.6 舱内电气设备的允许电压应不得超过 24 V;使用手提(包括电池供电)的电器或电子设备,或永久性安装在舱内的探测器、通讯设备、信号装置、报警器或遥控设备应符合下列条款中的一条:

a) GB 3836.4—2010 中 5.2 的规定;

b) GB9 706.1—2007 中第 40 章的规定;

c) 全密封,内充惰性气体,温度超过 120 ℃或内部压力降超过初始压力的 10%时能自动切断电源;

d) 扬声器和耳机等通讯设备,电源电压不超过 24 V 且功率不超过 0.25 W。

5.5.1.7 绝缘电阻应符合以下要求:

a) 减压舱供电系统的 AC220 V 馈电线路与舱体的绝缘电阻不小于 1.5 MΩ。

b) 配电盘内各线路对设备壳体的绝缘电阻不小于 2 MΩ。

c) 生物电测试接线柱对舱体的绝缘电阻不小于 50 MΩ、生物电接线柱之间的绝缘电阻不小于 100 MΩ。

5.5.1.8　进舱导线不得有中间接头，并应加保护套管。舱内导线与舱内电器的接点应焊接并裹以绝缘材料。

5.5.1.9　舱内金属活动部件，应做等电位连接。

5.5.1.10　电气设备的所有金属构件应可靠接地。舱体也应可靠接地，舱体的接地桩应与船体钢板相连，并用"⏚"标出接地位置。

5.5.1.11　电气设备应采用自动开关作为安全保护装置。

5.5.2　舱室照明

5.5.2.1　各舱室应具有照明，还应配备自动启动的应急照明装置。

5.5.2.2　Ⅰ类甲板减压舱的舱内照明应采用穿舱灯或外照明，外照明宜采用冷光源。

5.5.2.3　Ⅱ类甲板减压舱的舱内照明如采用内照明，内照明应符合 5.5.1 相关要求。

5.5.2.4　舱内中心照度不小于 100 lx，平均照度应不小于 65 lx，并能调节。

5.5.2.5　Ⅱ类甲板减压舱每个床铺应配置冷光源床头灯，床头灯应符合 5.5.1 相关要求。

5.5.3　电气控制

5.5.3.1　控制面板应有舱上电气控制系统，或设置专门的电气面板。电气系统或电气面板应符合 5.5.1 相关要求。

5.5.3.2　每个开关应有功能铭牌，并有指示信号显示。

5.5.3.3　电气系统或电气面板应有警示标志。

5.5.4　电源

5.5.4.1　供电系统应由主电源和独立的应急电源两部分组成，并能切换使用。

5.5.4.2　系统电源应满足最大工况用电要求和用户电源电制式要求。

5.5.4.3　配电系统应符合以下要求：

a）配电系统应具有配电板，应做到任何单一线路的故障都不会妨碍其他设施的工作；

b）应由来自配电板的线路向舱室照明、生命支持系统的电气设备、通讯和视频监控系统单独供电。

6.试验方法

6.1　舱体

6.1.1　证明材料

检查甲板减压舱舱体有关证明材料。

6.1.2 舱门

6.1.2.1 舱门尺寸
用通用量具测量舱门尺寸。

6.1.2.2 舱门平衡阀
检查中间隔壁的门上是否装有平衡阀。

6.1.3 观察窗

6.1.3.1 观察窗尺寸
用通用量具测量观察窗的尺寸。

6.1.3.2 透光材料
检查透光材料制造厂的产品合格证。

6.1.4 递物筒

6.1.4.1 递物筒内径及压力表
用通用量具测量递物筒内径,检查递物筒上的压力表。

6.1.4.2 递物筒联锁装置
打开递物筒内门,关闭舱门及递物筒外门,升压至连锁机构的锁定压力。然后再降压至联锁机构的复位压力,分别记录锁定压力值和复位压力值。试验时,升压速率和降压速率应不大于 0.01 MPa/min。

6.1.5 安全阀

6.1.5.1 舱室安全阀的设置
检查舱室安全阀的设置和安装。

6.1.5.2 舱室安全阀性能
检查厂方提供的安全阀质量证明书和校验证书。

6.1.6 焊缝
按 JB/T 4730.1～4730.5 中的 II 级和 I 级的规定检测。

6.1.7 耐压性能

6.1.7.1 舱体耐压试验应用水作试验介质,保压 1 h。

6.1.7.2 管系及安装件的耐压试验应用水作试验介质,保压 1 h。

6.1.8 管道及总体气密性

6.1.8.1 与加压气源相连接的供气管路气密性
管路系统清除杂质并安装完毕后,输入压缩空气并达到该管路系统的最高工作压力值,保压 4 h。测量泄漏率。

6.1.8.2 呼吸气和补氧管路气密性
呼吸气和补氧管路系统安装完毕后,应使用氮气作介质,加压至最高工作压力下进行气密性试验,保压 4 h。测量泄漏率。

6.1.8.3 总体气密性

关闭舱门及递物筒门,将压力升至舱室最高工作压力,保压 4 h,测量舱室最高工作压力下的泄漏率,然后降至 0.03 MPa 保压 4 h,测量低压泄漏率。

6.2 舱内设施

6.2.1 进气噪声检测

关闭舱门,打开递物筒门,使舱内为常压,选用精度不低于 2 级的声级计,置于离声源 1 m 远的测点上,开启供气阀门,以相当于 0.2 MPa/min 的供气速率向舱内供气,测得舱内最大供气噪声。连续供气 20 min,每 4 min 记一读数,取算术平均值求得连续供气时的平均噪声。

6.2.2 消防检查

6.2.2.1 检查消防器材设置。

6.2.2.2 检查不燃及难燃材料的产品合格证或认可的鉴定证书。

6.2.3 水灭火装置的检查

6.2.3.1 检查舱内水灭火装置的配置情况及相关的材质证明。

6.2.3.2 关闭舱门,加压至舱室最高工作压力,开启水灭火装置,用秒表记录启动手动开启控制机构至系统中最远点的喷头喷出水的时间。

灭火装置启动前,记录压力水柜液位计的起始高度,灭火装置启动后开始喷水时用秒表计时至喷水结束止,记录喷水结束后压力水柜液位计的终止高度,计算实际供水量,并按公式(1)计算所得的平均喷水强度值。

$$B = G/(S \times t)$$

式中:B——平均喷水强度,单位为升每平方米分钟($L/m^2 \cdot min$);

G——实际供水量,单位为升(L);

S——作用面积按舱内地板实际面积计算,单位为平方米(m^2);

t——喷水时间,单位为分钟(min)。

6.3 生命支持系统

6.3.1 管道和阀门

6.3.1.1 检查系统管路、管路附件、阀件等合格证和材质证明资料。

6.3.1.2 检查舱体上阀门设置和加减压系统上阀门设置。

6.3.2 舱室压力控制系统

6.3.2.1 检查控制面板上的舱室深度(压力)表设置。

6.3.2.2 检查管路清洗和脱脂记录,必要时检查现场管段。

6.3.3 加压速率

调整供气余压,打开进气阀门,以最快速度将舱压升至 0.3 MPa,用秒表记录时间。

6.3.4 减压速率

打开进气阀,使舱压预置在 0.2 MPa 以上,关闭进气阀,将排气阀打开至最大,将舱内压力从 0.2 MPa 降至 0.18 MPa,用秒表记录时间。

6.3.5 内置式呼吸装置

用呼吸模拟器测试面罩的呼吸阻力,先将面罩戴在标准头模上,开启呼吸模拟器,以(18±2)次/min 的频率,流量为(30±0.5) L/min,测得呼气阻力和吸气阻力值。

6.3.6 舱室气体成分监测系统

6.3.6.1 舱内氧浓度

舱压为 0.05 MPa,舱内吸氧人数为满员,模拟实际工作状态,吸氧 30 min,观察控制面板上氧浓度检测仪的示值。

6.3.6.2 氧分析仪

6.3.6.2.1 检查氧分析仪设置

6.3.6.2.2 检查氧分析仪产品合格证和性能检测报告中的市值误差。

6.3.6.2.3 在常压下,将被检测氧仪的预置报警值设置在 22%～23% 范围内,向取样口通入氧气,当被检测氧仪发出声、光报警一瞬间,记录下被检测氧仪的实际报警值,计算预置值与实际值的绝对差值,重复三次,取平均值。

6.3.6.3 二氧化碳分析仪

6.3.6.3.1 检查二氧化碳分析仪设置。

6.3.6.3.2 舱内加压至 0.2 MPa,舱内吸氧人数为满员,模拟实际工作状态 1 h,检测舱内二氧化碳浓度。

6.3.6.3.3 检查二氧化碳分析仪产品合格证和性能检测报告中的示值误差。

6.3.7 舱室温湿度检测控制系统

6.3.7.1 温湿度计表示值偏差

6.3.7.1.1 关闭舱门,舱内空气经空调系统搅拌 2 min 后,于常压下,将标准温度计置于舱内,测出舱内实际温度值与控制面板上显示的温度值比较。

6.3.7.1.2 闭舱门,舱内空气经空调系统搅拌 2 min 后,于常压下,将标准湿度计置于舱内,测出舱内实际湿度值,与控制面板上显示的湿度值进行比较。

6.3.7.2 温湿度调节装置

温度计的基本误差为 ±1 ℃,量程范围为 0 ℃～50 ℃。加压前半小时启动温度调节装置,以 0.01 MPa/min 的速率加压,加压至最高工作压力,保压 1 h,再以同样的速率降压。观察升(降)压及稳压过程中的舱内温度。测试过程中温度传感器应安放在舱内中下方空间部位,记录温度计的读书、计算温度的变化率。

6.3.7.3 温湿度调节装置噪声

关闭舱门和递物筒门,舱内为常压,开启温湿度调节装置并高速运转,将精度不低于2级的声级计放在离声源1m远的测点上,测出温湿度调节装置噪声。

6.3.8 通信装置
检查通讯装置配置,在舱室使用过程中通话应灵敏清晰。

6.4 电气系统

6.4.1 舱内照度
关闭舱门,开启照明灯至最大亮度,将照度计置于舱室中心位置,测量中心照度;将照度计置于舱室内每个床铺的中心位置,测得各点照度的算术平均值为其平均照度。

6.4.2 照明灯具
检查Ⅱ类甲板减压舱每个铺位的床头照明灯具的配置及使用说明书。

6.4.3 舱内电机
检查舱内电机的使用说明书或技术资料,并在工作状态下,电机表面温度不再升高时,记录其温度值。

6.4.4 舱内电气设备及工作电压
检查舱内电气设备的使用说明书或其技术资料。

6.4.5 绝缘电阻
选用量程为 0 MΩ～500 MΩ,试验电压 500 V,精度不低于 1.0 级的兆欧表,分别测量交流电源输入端对舱体的绝缘电阻;配电盘内各线路对设备壳体的绝缘电阻;生物电接线柱对舱体的绝缘电阻和生物电接线柱之间的绝缘电阻。

6.4.6 进舱导线及安装工艺
检查进舱导线的标记和合格证,检查进舱导线和舱内电器的接点连接工艺。

7. 检验规则

7.1 检验分类
甲板减压舱的检验分安全性能监督检验和出厂(交付)检验两类:

a)安全性能监督检验:由经国家授权的检验机构按照相关法规、规范的要求,对制造厂生产的甲板减压舱产品逐台检验;

b)出厂(交付)检验:制造厂应在产品出厂(交付)前进行检验,检验合格后应出具质量证明书和检验报告,出厂(交付)检验应为逐台检验。

7.2 检验项目和判定原则

7.2.1 检验项目
设计文件需通过经国家授权的审图单位审查。

7.2.2 质量判定原则
安全性能监督检验和出厂(交付)检验项目全部合格方可判定为合格产品。

8. 标志及使用说明

8.1 铭牌应包括下列内容:
a) 产品名称及型号;
b) 产品编号;
c) 产品标准;
d) 设计压力;
e) 最高工作压力;
f) 额定人数;
g) 每个舱室的容积;
h) 制造厂名称;
i) 制造日期。

8.2 包装箱上应有如下标识:
a) 产品名称及型号;
b) 产品标准;
c) 出厂编号;
d) 出厂日期;
e) 制造厂名称及地址;
f) 制造厂联系电话;
g) 毛重;
h) 体积(长×宽×高);
i) 贮运图示标志的方法及图形应符合 GB/T 191 的规定。

8.3 产品合格证上应含有以下内容:
a) 制造单位名称;
b) 产品名称及型号;
c) 产品标准;
d) 质检员签字及检验专用章;
e) 检验日期。

8.4 产品使用说明书中至少应包括以下内容:
a) 产品名称、型号、标准号、商标;
b) 制造厂名称和地址(邮政编码);
c) 制造厂联系电话;
d) 结构原理;
e) 主要规格及技术性能;
f) 操作使用方法;
g) 安全注意事项;
h) 定期检验内容。

9. 包装、运输、贮存

9.1 包装箱应符合以下要求：

a) 装箱前应予以清理，箱内不允许有污染物，管道接口应密封以防污染物进入；

b) 包装箱内垫防水膜（层）防止雨水和尘埃与甲板减压舱直接接触；

c) 在包装箱内应牢固定位，压木与产品接触面之间应垫有软性垫料，防止运输中松动和擦伤。

9.2 包装箱内应附有装箱清单。装箱清单应列出下列项目：

a) 装箱设备名称及型号；

b) 配件名称及其数量；

c) 随机文件。

9.3 装入包装箱内的备件及文件应用塑料包装袋封装。

9.4 向使用方提供的资料应包括如下项目：

a) 产品质量证明书；

b) 及各系统调试、检验报告；

c) 配套附件、仪器仪表的合格证、说明书、校验报告等资料；

d) 使用说明书；

e) 竣工图；

f) 完工资料；

g) 监检单位出具的产品监督检验证书。

9.5 包装后应贮存在不受雨淋和阳光直接照射的室内，贮存环境无污染，且通风良好。

9.6 运输方式及要求应按订货合同执行，但应避免造成设备损害和污染。